Die Reisen des Apostels Paulus

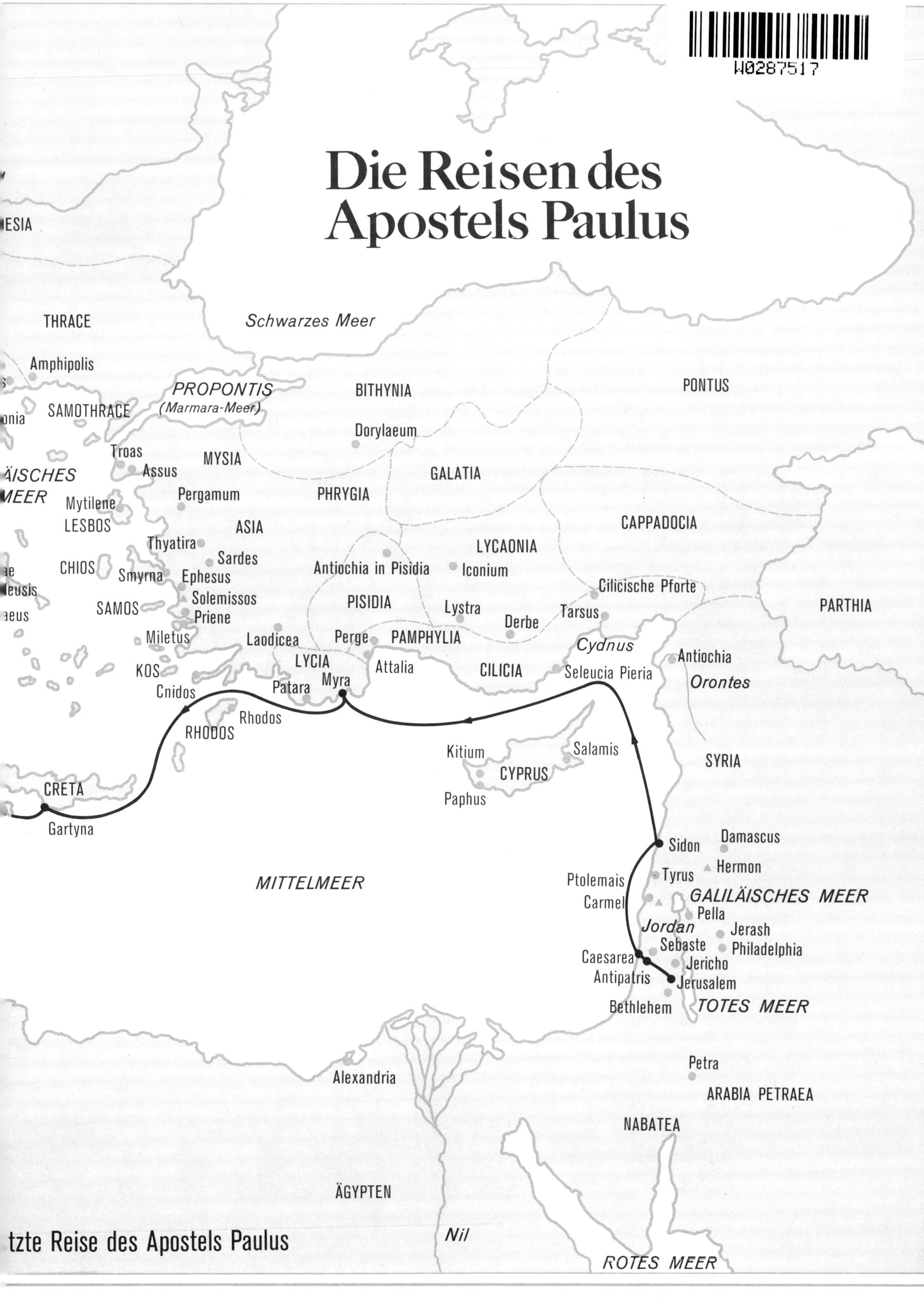

tzte Reise des Apostels Paulus

Die Reisen des Apostels Paulus

Stewart Perowne

Mit 24 Farbbildern,
124 Schwarzweißbildern
und einer Karte

Verlag Herder
Freiburg · Basel · Wien

Die Reisen des Apostels Paulus

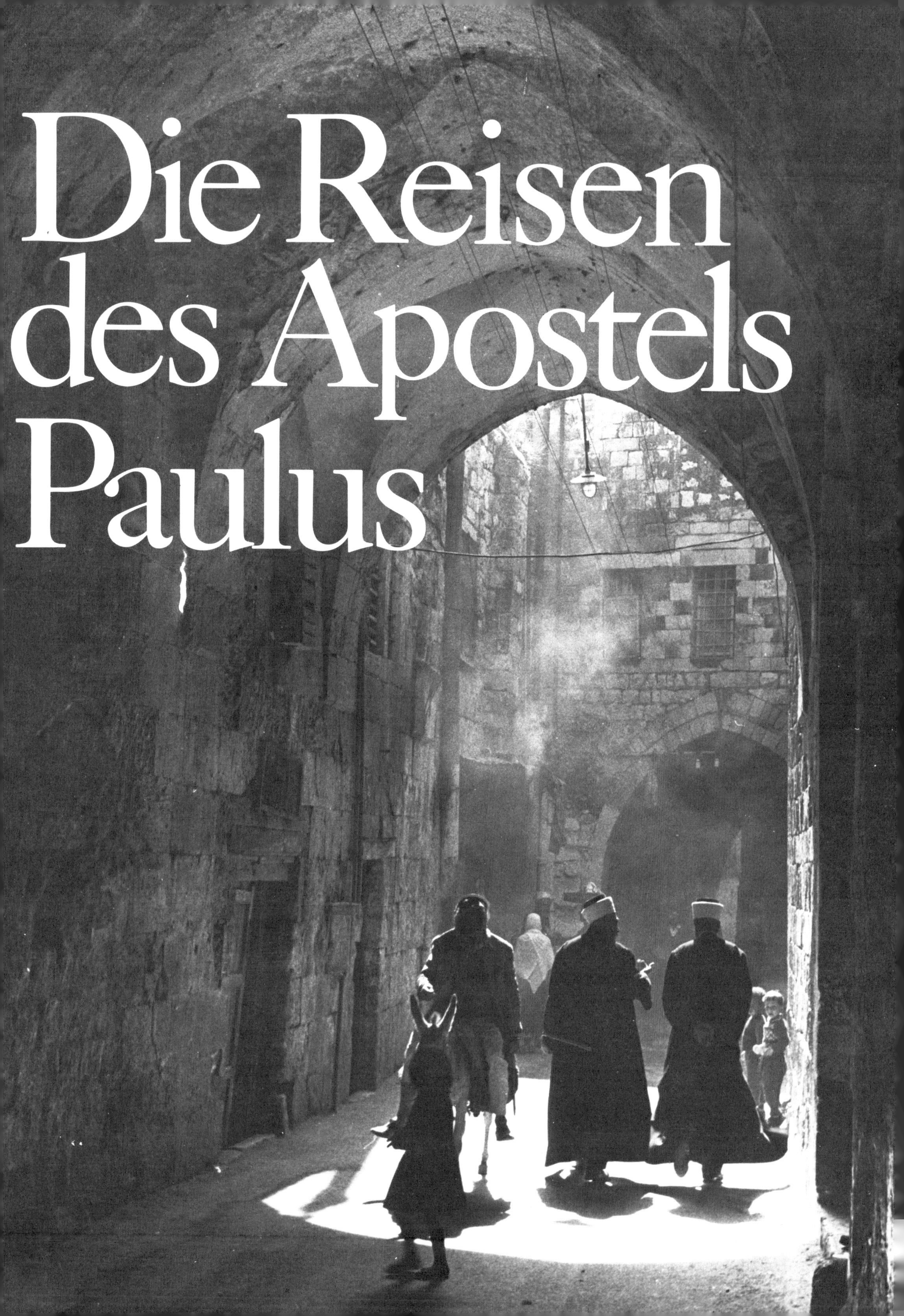

Für
Geoffrey Woodhead

Fellow of Corpus Christi College, Cambridge
Old Pauline and Governor of Saint Paul's School

Nam quaecunque homines bene cuiquam dicere possunt
Aut facere, haec a te dictaque factaque sunt.

INS DEUTSCHE ÜBERSETZT VON
HANS SCHMIDTHÜS UND URSULA STADLER

Die Originalausgabe dieses Werkes erschien unter dem Titel
The Journeys of St Paul bei
The Hamlyn Publishing Group Limited
London - New York - Sydney - Toronto
Hamlyn House, Feltham, Middlesex, England

FÜNFTE AUFLAGE

Freiburger Graphische Betriebe 1976
ISBN 3-451-16741-7

Inhalt

Dalmatia
Salona
Roma
Cumae
Neapolis?
Puteoli
Macedonia
Philippi
Beroea
Thessalonicae
Larissa
Nicopolis?
Same
Achaia
Corinthus
Cenchreae
Athenae
Aegina
Lacedaemon
Patmus
Creta
Cnossus
Gortyna
Cyrene?
Cyrenaica

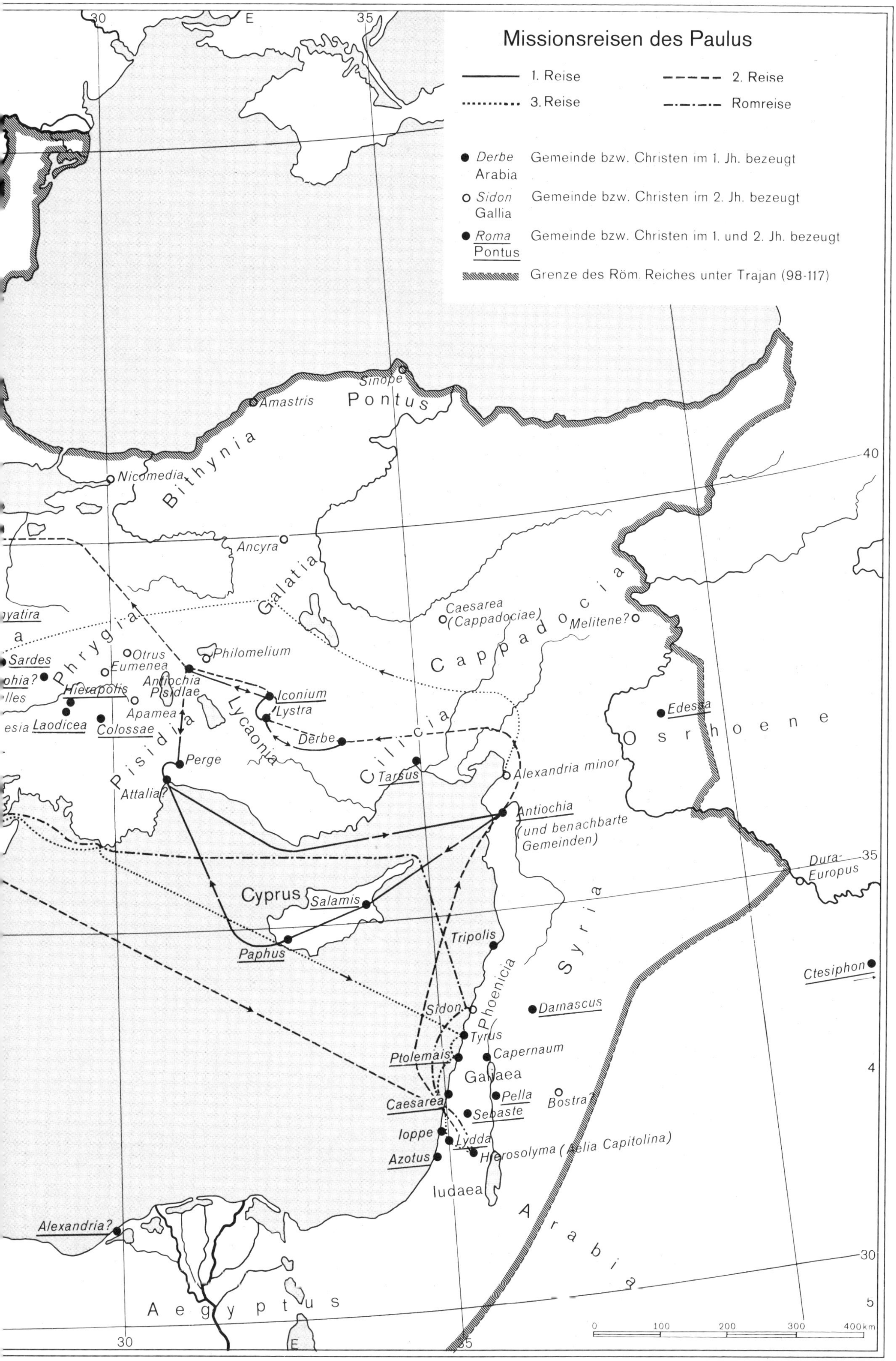

Missionsreisen des Paulus
1. Reise
2. Reise
3. Reise
Romreise
Derbe
Arabia
Gemeinde bzw. Christen im 1. Jh. bezeugt
Sidon
Gallia
Gemeinde bzw. Christen im 2. Jh. bezeugt
Roma
Pontus
Gemeinde bzw. Christen im 1. und 2. Jh. bezeugt
Grenze des Röm. Reiches unter Trajan (98-117)
Sinope
Amastris
Pontus
Bithynia
Nicomedia
Ancyra
Galatia
Caesarea (Cappadociae)
Melitene?
Cappadocia
Phrygia
Sardes
Otrus
Philomelium
Eumenea
Hierapolis
Antiochia Pisidiae
Iconium
Lystra
Apamea
Laodicea
Colossae
Lycaonia
Derbe
Pisidia
Perge
Attalia?
Cilicia
Tarsus
Alexandria minor
Edessa
Osrhoene
Antiochia (und benachbarte Gemeinden)
Dura-Europus
Cyprus
Salamis
Paphus
Tripolis
Syria
Phoenicia
Ctesiphon
Sidon
Damascus
Tyrus
Ptolemais
Capernaum
Galilaea
Caesarea
Pella
Bostra?
Sebaste
Ioppe
Lydda
Hierosolyma (Aelia Capitolina)
Azotus
Iudaea
Arabia
Alexandria?
Aegyptus
30
35
E
40
0 100 200 300 400 km

Stephanus und Saulus von Tarsus

Pontius Pilatus war zehn Jahre lang Statthalter von Judäa gewesen, und nun war er endlich abgelöst. Niemand wußte, warum Kaiser Tiberius ihn so lange dort behalten hatte. Wenn man Tiberius fragte, pflegte er Äsops Fabel vom Fuchs und den Fliegen zu erzählen: Der Fuchs lehnte das Angebot eines freundlichen Igels ab, ihm die Fliegen von den Wunden wegzuwischen, weil die Fliegen, die da saßen, bereits eine gute Mahlzeit gehabt hatten, während Neuankömmlinge wieder ganz von vorn anfangen würden. Beamte seien genauso, sagte der Kaiser. In Wahrheit hatte Tiberius, der jetzt 78 Jahre alt war, nach einem bitteren und enttäuschten Leben praktisch abgedankt. Er lebte nicht einmal mehr in Rom, sondern in wohlbehüteter Abgeschiedenheit auf der Insel Capri.

Kein Wunder, daß die Verwaltung des Reichs gelitten hatte, und nirgends mehr als in der sehr erregbaren Provinz Judäa, die wegen ihrer geographischen Lage zwischen Ägypten und Syrien und ihrer Nähe zu Parthien von großer Bedeutung für Rom war. Und zwar politisch; denn in den Augen der Einwohner war es nicht einfach eine Grenzbastion, sondern der heiligste Platz auf Erden. Aber nur wenige Römer verstanden, wer die Juden waren und was ihnen am Herzen lag. Als 63 v.Chr. Pompeius der Große Palästina besetzte, beleidigte er das jüdische Volk in unverzeihlicher Weise durch Entweihung des Tempels des Einen und Einzigen Allmächtigen Gottes. (Cicero fand, daß Pompeius großartig gehandelt hatte – er nannte ihn unsern „Jerusalemiten".) Zu den wenigen Einsichtigen gehörte Julius Cäsar. Er erkannte, daß die Juden moralisch allen andern überlegen und vertrauenswürdiger waren und daher mit Achtung und Gerechtigkeit behandelt werden mußten. Wegen ihrer Rechtschaffenheit und vor allem wegen des politischen Unbehagens, das sich in ihrem Vaterland ausbreitete, nachdem es von den Heiden besetzt worden war, hatten sich die Juden im ganzen Reich erstaunlich ausgebreitet. Zur Zeit des Augustus muß ihre Zahl 4500000, wenn nicht mehr, betragen haben, 7% der gesamten Bevölkerung des Reichs. Aber für sie alle war Jerusalem die Vaterstadt.

Seit den Tagen des Pompeius schien eine stürmische Auseinandersetzung mit Rom unvermeidlich; aber sie war vermieden oder vielmehr aufgeschoben worden durch zwei Männer, Vater und Sohn, die, obwohl Juden der Religion nach, Idumäer waren, Araber aus dem südlichen Palästina. Der erste war Antipater, der zweite Herodes der Große. Antipater hatte von Cäsar das erbliche römische Bürgerrecht erhalten, und Herodes wurde der persönliche Freund von Augustus und dessen großem Minister Marcus Vipsanius Agrippa.

Zu Lebzeiten des Herodes hatte Judäa, obwohl er streng und zuweilen grausam war, Frieden. Gott wurde in Zion gepriesen, und die Heilige Stadt wurde durch zwei glänzende Paläste, eine neue Wasserversorgung, ein Hippodrom und andere Annehmlichkeiten bereichert. Vor allem aber baute Herodes den Tempel völlig neu und erweiterte das Gelände, auf dem er stand, auf nicht weniger als 14 ha. Das heilige Haus selbst glänzte von kostbarem Marmor und goldenen Ziegeln. Jerusalem war tatsächlich geworden, was ein römischer Enzyklopädist, Plinius der Ältere, später „die glanzvollste Stadt nicht nur Judäas, sondern der ganzen Levante" nannte.

Als Herodes nach einer Regierungszeit von 33 Jahren starb, zerfiel der politische Bau seines Reiches.

Diese enge Straße in der Altstadt von Jerusalem, die von der Festung Antonia zu einem kleinen Hügel außerhalb der Stadtmauer führt, gilt als die „Via dolorosa". Denn auf dieser Straße soll Jesus auf dem Weg zur Richtstätte unter dem Gewicht des Kreuzes gestolpert und später gestürzt sein.

SHOP

Blick vom Ölberg auf Jerusalem. So erblickte Jesus die Stadt bei seiner Rückkehr von Bethanien, als er vor dem Einzug in die Stadt über Jerusalem weinte und ihren Untergang voraussah (Lk 19, 41–44). Der Tempel stand an der Stelle, an der sich heute die Kuppel des Felsendoms, eine der heiligen Stätten des Islam, erhebt. In der Nähe des Kirchturms rechts hinter der Domkuppel liegt – außerhalb der Mauern des Jerusalem zur Zeit Jesu – die Grabeskirche und der Hügel von Golgotha, der als Ort der Kreuzigung Jesu angesehen wird.

In seinen letzten Jahren durch körperlichen und geistigen Verfall verwüstet, hatte er drei seiner Söhne, seine Gattin, deren Mutter und andre Verwandte getötet, so daß es keine gesicherte Nachfolge gab. Das Gebiet wurde durch seinen römischen Oberherrn Augustus zerstückelt; neuer Herrscher war ein Sohn des Herodes und einer samaritischen Mutter, namens Archelaus. Er war hauptsächlich in Rom aufgewachsen und so den Juden doppelt fremd. Nach einem Jahrzehnt völlig unzulänglicher Regierung wurde Archelaus verbannt, und Augustus wollte keine Papierkönige mehr; das Land mußte Provinz werden, und zwar eine dritten Rangs, wie Korsika oder Sardinien, weder mit einem Legaten noch einem Prokonsul an der Spitze, sondern bloß einem Prokurator. Damit demütigte Rom die Juden erneut, und so wurde ein gärender Nationalismus genährt. Die Bewegung der Zeloten entstand, eben die Sekte, *Qanna'im* auf Hebräisch, die im Jahr 70 für die Zerstörung des Tempels verantwortlich werden sollte. (Dieser Vorwurf wird von Josephus, dem jüdischen Historiker, erhoben, wird aber gestützt durch die einzige Erwähnung der Zeloten im Talmud [*Aboth* des Rabbi Nathan, VI], die besagt, daß die *Qanna'im,* als Vespasian Jerusalem zu zerstören kam, alles durch Feuer zu vernichten suchten.) Wie so oft in späteren Zeiten begann der Terrorismus, eine Nation in die Selbstzerstörung zu führen.

Unten: Die Ereignisse zur Zeit des Neuen Testamentes in Judäa wurden unmittelbar von der Macht Roms bestimmt und beeinflußt. Pompeius (links) hatte Palästina im Jahre 63 v. Chr. besetzt und den Tempel zu Jerusalem entweiht. Das war eine schwere Belastung der römisch-jüdischen Beziehungen, die immer gespannt blieben. Lediglich unter der strengen Regierung Herodes' des Großen (Mitte), die die Zustimmung von Augustus und Agrippa besaß, waren die Beziehungen zwischen Rom und Jerusalem besser. Das äußerte sich auch darin, daß der Enkel und der Urenkel des Herodes den Zweitnamen Agrippa trugen. Kaiser in Rom war zur Zeit, von der die Evangelien berichten, Tiberius (rechts).

Rom außen, Zwietracht innen. So war die jüdische Situation bis zu den Tagen des 5. Prokurators Pilatus. Von Anbeginn an hatte er sich als taktlos, grausam und weich erwiesen. Jerusalem war nicht einmal mehr die Hauptstadt; der fremde Statthalter regierte von der neuen Stadt Cäsarea aus, der weithin heidnischen Schöpfung des Herodes an der Küste. Wenn also die Menschen auf den Tempel schauten, den immer noch großen Sammelpunkt der Nation, und dann auf die arroganten Kohorten, die kamen, um die „Sicherheit" während der heiligen Feste aufrechtzuerhalten, mögen sie sich gefragt haben, ob die großen Tage je wiederkehren könnten. Und wenn, wie? Mußten sie, das auserwählte Volk Gottes, für immer die Leibeigenen Roms bleiben?

In diese große Debatte war kürzlich ein höchst störender Faktor getreten. Da gab es eine Schar von Juden, meist aus Jerusalem und Galiläa, die erklärten, daß ein gewisser Jesus – jener, den Pilatus beinahe freigelassen hätte, als er der Gotteslästerung angeklagt worden war – niemand anders als der Messias sei, der Gesalbte, der den Ruhm Israels wiederherstellen sollte und verkündet habe, daß alle Menschen, nicht nur die Juden, ein Anrecht darauf hätten, Bürger des Himmelreichs zu sein. Dieser Gedanke empörte fast alle, denn er war antirömisch und antiorthodox. Besonders entsetzt waren die Pharisäer, die leidenschaftlich daran glaubten, „abgesondert" zu sein, was das Wort Pharisäer bedeutet. Dennoch zog diese neue Sicht menschlicher Bestimmung (denn eben das war die neue Bewegung) eine beunruhigende Zahl von aufrechten und frommen Männern und Frauen an.

Zu dieser Zeit gab es zwei Hauptparteien im jüdischen Staat. Die herrschende Schicht waren die Sadduzäer, nüchterne und hartherzige Materialisten, die eine Zeitlang das Monopol an der Hohenpriesterschaft und den sehr beträchtlichen Vergütungen besaßen, die damit verbunden waren. Auf der andern Seite standen die Pharisäer, selbst wieder in zwei Schulen geteilt: die Schüler von Schammai, einem extremen strengen, buchstabengetreuen Schriftgelehrten, und die liberalen Jünger des heiligmäßigen und berühmten Hillel, der in den Unruhen, die auf die Verbannung des Archelaus gefolgt waren, erfolgreich Gewaltlosigkeit beschworen hatte. In dieser neuen Krise wollten, wie zu erwarten war, viele einschließlich der Schammai-Pharisäer, daß die Abweichler mit Gewalt unterdrückt würden. Andre empfahlen Vorsicht, und schließlich trug man die Frage vor Gamaliel. Gamaliel war der Enkel Hillels und der größte Gelehrte der Zeit, anerkannt als *Rabban,* Herr, von allen. Die Mischna hat mehrere seiner rechtlichen Entscheidungen, ausgesprochen auf den Stufen des Tempels, aufbewahrt. „Mit seinem Tod wurde der Ruhm des Gesetzes ausgelöscht, und mit ihm gingen Reinheit und das Pharisäertum unter" (Traktat *sota,* IX, 16).

Petrus und die andern Apostel wurden damals zusammengetrieben und vor den Sanhedrin gebracht, den obersten Gerichtshof der Judenheit. Die Mehrheit war klar für drastische Maßnahmen. Gamaliel beantragte, daß das Gericht unter Ausschluß der Öffentlichkeit tagte, und erklärte dann, daß der „Neue Weg", wenn er falsch sei, scheitern würde wie so manche andre Bewegungen, und er führte jüngste Beispiele an. Wenn dieser „Neue Weg" aber von Gott sei, würde Widerstand gegen ihn „Kampf gegen Gott" bedeuten. Besser also, ihm seinen Lauf zu lassen.

Einer von Gamaliels Schülern, der zu Füßen des Meisters gesessen hatte, als dieser auf den heiligen Stufen lehrte, reagierte heftig auf die Entscheidung des großen Manns. Sein Name war Saulus, und er kam aus Tarsus, einer Stadt in Kleinasien am Kydnos, dem Fluß, auf dem Kleopatra 41 v. Chr. gesegelt war, um Markus Antonius gefangenzunehmen. Shakespeare hat diesen Fluß unsterblich gemacht:

> Die Bark', in der sie saß, ein Feuerthron,
> Brannt' auf dem Strom: getriebnes Gold der Spiegel,
> Die Purpursegel duftend, daß der Wind
> Entzückt nachzog; die Ruder waren Silber,
> Die nach der Flöten Ton Takt hielten, daß
> Das Wasser, wie sie's trafen, schneller strömte,
> Verliebt in ihren Schlag. Doch sie nun selbst –
> Zum Bettler wird Bezeichnung: sie lag da
> In ihrem Zelt, das ganz aus Gold gewirkt,
> Noch farbenstrahlender als jene Venus,
> Wo die Natur der Malerei erliegt.
> Zu beiden Seiten ihr holdsel'ge Knaben,
> Mit Wangengrübchen, wie Cupido lächelnd,
> Mit bunten Fächern, deren Wehn durchglühte
> (So schien's) die zarten Wangen, die sie kühlten;
> Anzündend, statt zu löschen.
>
> (Antonius und Cleopatra II, 2)

Shakespeare malt hier den Text des Plutarch aus, der dieses Ereignis etwa 150 Jahre später beschrieb; doch sind die Einzelheiten seiner Schilderung so lebendig, daß klar wird, welch tiefen und bleibenden Eindruck das Schauspiel auf die Augenzeugen gemacht haben muß. Der Vater des Saulus mag wohl dazugehört haben. Vielleicht erhielt die Familie bei dieser Gelegenheit die römische Bürgerschaft, oder es könnte schon etwas früher gewesen sein, als Cicero Statthalter von Cilicien war, dessen hauptstadt Tarsus war. Das zweite Datum ist wahrscheinlicher, denn obwohl Paulus stolz darauf war, römischer Bürger zu sein, und das auch mehrfach deutlich sagt, erwähnt er nie seine *gens* oder Sippe. Die Könige Herodes, die zur Sippe der Julianer zählten, taten es ständig. Wenn Saulus von der *gens*

Dieser Stein wurde im römischen Theater von Caesarea, der Hauptstadt der römischen Provinz Judäa, gefunden. Er befand sich vermutlich am Sockel einer Weihestatue, denn er trägt den Namen des Kaisers Tiberius und des Stifters Pontius Pilatus. Er ist damit das einzige zeitgenössische Zeugnis für diesen Statthalter Roms zur Zeit Jesu.

des Antonius war, ist sein Schweigen verständlich, denn Augustus hatte den Gebrauch des Namens ungesetzlich gemacht.

Der moderne Ausdruck Kleinasien ist irreführend. Im Altertum war dieses Gebiet in keinem Sinn des Worts *klein:* es war sehr groß. Der geographische Rahmen ist majestätisch; große Berge, oft mit Schneehauben, die bis in den Himmel ragen, mit weiten, fruchtbaren Ebenen zu ihren Füßen, bewässert von großen und wasserreichen Flüssen.

Große Städte, von denen Tarsus eine war, entstanden in diesem großzügigen Land: Ephesus, Pergamon, Perge, Priene (dessen gitterförmiger Stadtplan Muster für manch andre Stadt überall in der Welt geworden ist). Und hier war es auch, in Jonien, wo die Philosophie ihren Ursprung hatte, lange bevor sie Athen erleuchtete, hier, wo die Menschen zuerst den Mythos aufgaben und fragten: „Was ist Wahrheit?"

Obwohl eigentlich hellenistisch, war Tarsus doch, woran Plinius erinnert, mehr phönizisch als griechisch. Es war ein geschäftiges Handelszentrum, ähnlich andern phönizischen Städten, wie Tyrus und Sidon. Seine Bürger reisten weit umher; einer, ein Grammatiker namens Demetrius, ging sogar bis nach Britannien, wie wir von Plutarch wissen. So kann Saulus, der Britannien niemals besucht hat, sehr wohl durch seinen Vater, der ein Zeitgenosse des wagemutigen Demetrius war, davon gehört haben.

Seite an Seite mit dem einträglichen Textilhandel blühte die Philosophie immer noch in Tarsus, besonders die der Stoiker. Augustus selbst war Schüler eines tarsischen Stoikers gewesen. Chrysippus, den man für den zweiten Begründer der Stoa hält, ging von Cilicien fort, um von 232 bis 207 v. Chr. in Athen zu lehren. Im folgenden Jahrhundert waren zwei der *Prostatai*, wie sie genannt wurden, aus Tarsus: Zeno, der 204 kam, und Antipater von etwa 150 bis 129. Tarsus war in der Tat ein Stützpunkt der Stoa.

Daß Paulus stark von den Stoikern beeinflußt war, wird aus seinen Schriften deutlich. Das ist von besonderem Interesse, weil der Gründer der Stoa nicht Grieche, sondern Semit wie Paulus war, Zeno von Kitium auf Zypern. Paulus wuchs als strenger Jude, als Pharisäer, auf; aber seine Muttersprache war das hellenistische Griechisch, und er studierte seine Schriften auch in der griechischen Standardversion, hergestellt in Alexandria 284–247 v. Chr. und bekannt als Septuaginta.

Er studierte auch die Menschheit. Wie Sokrates vor ihm hatte Paulus wenig Interesse an der Natur, beide waren Städter. Der junge Saulus erlernte das Familienhandwerk, ein Textilgewerbe, das sich auf die Herstellung eines kräftigen Ziegenhaargewebes spezialisierte, gebraucht für die Herstellung von Zelten. Er wußte alles über den Sport in der Stadt: Laufen, Ringen, Boxen, auch wenn er wie viele fromme Juden nicht daran teilnahm, weil man die Nacktheit, in der die Sportarten ausgeübt wurden, für sündig hielt.

„Tarsus ist heute", sagt Professor Seton Lloyd, „eine ziemlich reizlose kleine türkische Stadt an der Hauptstraße von Adana nach Mersina. Ihr einziges Denkmal ist ein verfallender Torbogen, den amerikanische Missionare ‚Paulusbogen' nannten, obwohl er tatsächlich byzantinischer Herkunft ist. Und was den großen See angeht, so ist die Stadt heute vom Meer durch etwa 10 Meilen unbewohnten Marschlands getrennt." Aber wenn Tarsus auch

tot ist, es spricht doch durch den Mund seines größten Bürgers. Ein stolzer Pharisäer, ein stolzer Beherrscher des Griechischen, ein stolzer römischer Bürger – das war der Saulus, der jetzt in die kritischen Angelegenheiten der Jerusalemer Judenheit eingriff.

Die tolerante Weisheit seines Lehrers (der dafür bekannt war, griechische Dinge zu bevorzugen), war diesem feurigen Mann aus Cilicien fremd; er schlug einen andern Weg ein. Zu den Anhängern des „Neuen Wegs" – dem zum Kummer des Saulus schon zwei seiner Verwandten angehörten – zählte ein hervorragender junger Mann namens Stephanus, von bemerkenswerter Schönheit und großer Fähigkeit. Er war einer der sieben „Diakone" oder Diener, die vor kurzem ernannt worden waren, um sich um die menschlichen Bedürfnisse der Alten, besonders der Witwen, die nicht jüdischer Geburt waren, zu kümmern. (Man tut gut daran, sich zu erinnern, daß die Kirche in ihrer frühesten Kindheit wie in späteren Jahrhunderten sich der Fürsorge für die Unterprivilegierten annahm.) Stephanus wirkte Wunder, sagten die Leute.

Sein Erfolg reizte die Gefährten des Saulus zu Handlungen. Seine Synagoge – eine der vielen, die es jetzt in Jerusalem gab – war die von hellenisierten Juden aus Ägypten und Kleinasien, welche die Einheimischen, von denen nur wenige Griechisch konnten, langweilig und rückständig fanden. An Saulus und seinen Gefährten war es, die Initiative zu ergreifen, und zwar schnell. Saulus wußte als römischer Bürger aus einer gutregierten Provinz, daß kein römischer Statthalter Lynchjustiz dulden würde und daß also, wenn er und seine Freunde handeln wollten, sie es sofort tun mußten, während des Interregnums zwischen der Abreise des Pilatus und der Ankunft seines Nachfolgers.

Stephanus wurde der Gotteslästerung und der Zerrüttung der Ordnung angeklagt und vor den Sanhedrin gestellt. Er verteidigte sich glänzend, so glänzend, daß viele im Gericht meinten, er sähe nicht nur wie ein Engel aus, sondern hätte auch so gesprochen. Das Urteil war dennoch unvermeidlich. Streng genommen, konnte das jüdische religiöse Gericht wie im Fall des Jesus von Narzareth einen Menschen nur des Todes *würdig* befinden, der Hinrichtungs*befehl* mußte vom römischen Statthalter kommen. Da es aber zur Zeit keinen Statt-

Jesus vor Pilatus, Ausschnitt aus dem großen Tafelgemälde „Maestà" von Duccio di Buoninsegna für den Dom von Siena (1308). Pilatus war zwar weder bei den Juden noch bei den Römern beliebt, blieb aber dennoch mehr als 10 Jahre Prokurator von Judäa. Das läßt darauf schließen, daß seine Verwaltung nicht schlechter, wohl aber strenger war als die anderer römischer Provinzgouverneure.

Das St.-Stephanus-Tor in Jerusalem (links) ist nicht, wie man meinen könnte, in der Nähe des Ortes, wo der erste christliche Martyrer seinen Tod fand. Die Steinigung fand vielmehr beim Damaskus-Tor in der Nordmauer statt (rechts). Dort wurde auch im 5. Jh. eine Erinnerungsstätte an den Martyrer erbaut. Die Anlage der beiden Tore, wie man sie heute sieht, stammt aus der Zeit des Sultans Soliman des Prächtigen.

halter gab, konnten Saulus und seine Freunde von Formalitäten absehen. Sie schleppten Stephanus vor die Stadt zu einem kleinen Hügel östlich der großen nördlichen Straße und steinigten ihn dort zu Tode. Das war die für Gotteslästerung vorgeschriebene Strafe. Der Leiter des Verfahrens war Saulus selbst. Ihm oblag es, daß die Steiniger ihre Obergewänder ablegten, um die Arme frei zu haben.

Die erfolgreiche Steinigung des Stephanus ermutigte die Orthodoxen sehr. Sie schritten zu einer Säuberung, zu einer Durchsuchung der Häuser, in der Saulus die Führung übernahm. Die Jünger des „Wegs" wurden zerstreut, nur die Apostel blieben in Jerusalem. Saulus empfing Glückwünsche von allen Seiten, außer von einer: von seinem Gewissen. Die Steinigung ist ein langsamer, brutaler Tod, und Saulus war gezwungen, zuzusehen, wie Stephanus sie ertrug. Es geschah mit völliger Standhaftigkeit. Er starb mit einem Gebet der Vergebung auf seinen zerschlagenen und verunstalteten Lippen.

Bei späteren Verfolgungen der Kirche haben wir eine Fülle von Zeugnissen, daß die Haltung der Martyrer das wirksamste Argument für den Glauben war. So auch bei Saulus. Er würde es heftig ge-

Die Steinigung des Stephanus, Ausschnitt aus einem Wandteppich nach einem Entwurf Raffaels für die Sixtinische Kapelle in Rom. Rechts im Vordergrund sitzt der junge Saulus, der die Kleider der Mörder bewacht. Eine Steinigung war ein sehr langsamer Tod, bei der das Opfer unsägliche Qualen zu leiden hatte. Saulus erlebte damals, mit welcher Tapferkeit und Festigkeit in seinem Glauben Stephanus den Martyrertod erlitt.

leugnet haben; die Menschen leugnen gemeinhin das, was sie am glühendsten glauben. Petrus hatte dafür ein Beispiel geliefert, als er den Herrn verleugnete. Saulus, der sein Mitarbeiter werden sollte, folgte unbewußt diesem Beispiel. „Das Himmelreich ist gleich einem Sauerteig", sagt das kürzeste Gleichnis im Neuen Testament, „den eine Frau nahm und unter drei Maß Mehl mischte, bis das Ganze durchsäuert war" (Mt 13,33).

Schon wirkte der Sauerteig, schon war Saulus, der Totschläger, im Begriff, durch die Gnade Gottes in Paulus, den Apostel, verwandelt zu werden.

Bekehrung und Berufung

Die Verfolgung ging gut voran. Wie unrecht Gamaliel und wie recht Saulus von Tarsus gehabt hatte, mußte nun allen klar sein. Es war wirklich gar nicht so schwer gewesen; die Hauptsache war gewesen, bei einem der Bandenführer ein Exempel zu statuieren, und das war geschehen. Stephanus war getötet und der Rest zerstreut worden, alle außer dem harten Kern der Erneuerer, der in Jerusalem geblieben war. Aber was bedeutete schon ein Dutzend Bauern aus Galiläa, so oder so?

Dann aber kamen ziemlich beunruhigende Nachrichten. Die Jünger des „Wegs" verbreiteten, anstatt wie vernünftige Leute im Untergrund zu verschwinden, tatkräftig ihre Propaganda. Merkwürdige Geschichten kamen aus Sebaste, 50 Meilen nördlich von Jerusalem. Zugegeben, es war eine heidnische Stadt, die Schöpfung von Herodes dem Großen, aber es lag der Heiligen Stadt gefährlich nahe. Außerdem war es gar nicht angenehm zu hören, daß einer der Galiläer einen örtlichen Magier ausgestochen hatte mit dem Erfolg, daß eine blühende „Zelle" in Samaria gegründet und von zwei der Apostel besucht worden war, die auf ihrem Rückweg nach Jerusalem ihre Ideen in einer Anzahl von Dörfern verbreitet hatten. Einer dieser Männer namens Philippus – es war derselbe, der den Zweig in Samaria gegründet hatte – hatte sogar einen ausländischen Diplomaten, den Gesandten vom äthiopischen Hof, für den „Weg" gewonnen. Schließlich kamen Nachrichten, daß die neuen Theorien sogar in Damaskus, dieser alten und berühmten Stadt, Boden gewannen. Saulus war bestürzt: es ging doch nicht ganz so einfach, diesen neuen Kult auszutreten, wie es geschienen hatte.

Saulus fand Verständnis beim Hohenpriester Theophilus, Sohn des Annas. Unter allen Umständen sollte Saulus nach Damaskus gehen und die „Abtrünnigen" gefangen zurückbringen, selbst wenn es sich um Frauen handelte, damit der Sanhedrin sich mit ihnen beschäftige. Ob das legal war oder nicht, spielte keine Rolle. Damaskus, obwohl Mitglied der Dekapolis, des Bundes der Zehn Städte (in Wirklichkeit waren es elf) oder griechischer Kolonien in der Levante, war von Caligula, dem Nachfolger des Tiberius, vom Jahr 37 ab für drei Jahre an Harith IV. (Aretas), den König der Nabatäer, verpachtet worden. Tiberius hatte mit Harith auf schlechtem Fuß gestanden, und Caligula war bemüht, sich mit ihm auszusöhnen, denn das nabatäische Königreich unterstützte die für die römische Ostgrenze bedrohlichen Parther. Der König seinerseits war gewillt, mit der jüdischen Hierarchie zusammenzuarbeiten.

Saulus machte sich auf. Als er aus dem nördlichen Tor Jerusalems ritt, kam er an der Stelle vorbei, wo er kurze Zeit vorher Stephanus zu Tode gebracht hatte. Saulus und seine Begleiter eilten weiter die große Hauptstraße entlang. Ihr Weg führte sie an Samaria vorbei und am Rand von Galiläa hinunter ins Jordantal, wo sie den Fluß überqueren wollten. Die Reise bis dahin nahm den größten Teil einer Woche in Anspruch. Der schwerste Teil kam noch, der lange Anstieg vom See von Galiläa, 208 m unter dem Spiegel des Mittelmeers, hinauf nach Damaskus, mehr als 700 m darüber. Noch waren 50 Meilen zu gehen über den kahlen, steilen Weg. Saulus hatte reichlich Zeit zum Nachdenken: über die Vergangenheit, die Zukunft und die Aufgabe, die vor ihm lag. Endlich kam die liebliche Oase in Sicht, die leuchtende Stadt, „der Diamant, in Smaragd gefaßt", wie Damaskus später genannt wurde, mit dem schneegekrönten Gipfel des Berges Hermon darüber. Saulus hätte eigentlich seinen Frieden wiederfinden müssen – aber er konnte keinen Frieden haben. Und plötzlich gab er nach.

Caravaggios berühmtes Gemälde „Die Bekehrung des heiligen Paulus" läßt das blendende Licht vom Himmel erkennen und zeigt Saulus als jungen Mann in griechischer Kleidung, der geblendet vom Pferd gestürzt ist.

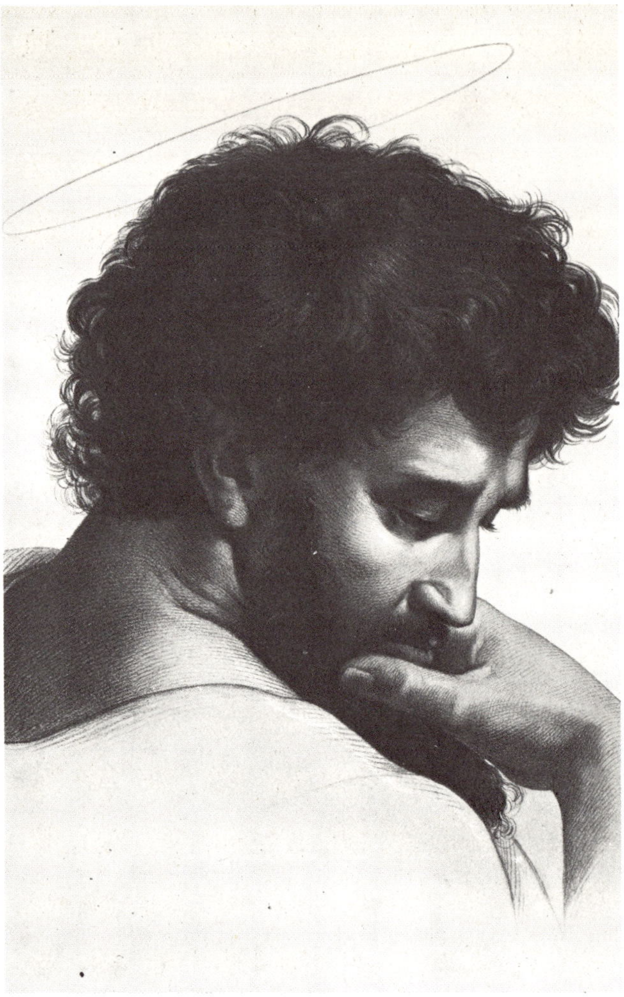

Die Darstellung des heiligen Paulus war für alle großen Maler ein beliebtes Thema. Rubens sah ihn als traditionsbewußten Patriarchen (links), während Raffael den Apostel in seinem Gemälde mit der heiligen Cäcilia wie einen Italiener aus seiner Zeit gemalt hat (rechts). Es ist wahrscheinlich, daß Paulus mehr Ähnlichkeit mit dem ausgesprochen levantinischen Gesicht (nächste Seite) hatte, das als Paulus-Mosaik in der Taufkapelle der Arianer in Ravenna im 6. Jh. entstanden ist.

Sein Erlebnis vor den Toren von Damaskus ist eins der dramatischsten in der Menschengeschichte und eins der fruchtbarsten, denn seine Frucht veränderte die Weltgeschichte.
Was geschah *wirklich?*
Um wenigstens teilweise zu verstehen, was geschah, müssen wir die *Erscheinung* vom *Erlebnis* trennen. Weil die Erscheinung so schrecklich schien, so geheimnisvoll, ist sie besser bekannt als das Erlebnis, wenn auch nur, weil so viele Maler und Liederdichter versucht haben, sie zu schildern. Schrecklich war sie, aber nicht geheimnisvoll. Es gibt in der *Apostelgeschichte* drei Berichte darüber, alle im wesentlichen gleich, zwei davon von Saulus selbst. „Auf dem Wege dahin sah ich... am Mittag, wie vom Himmel ein Licht mich und meine Reisegefährten umstrahlte, glänzender als die Sonne" (Apg 26,13). „Ich fiel zu Boden und hörte eine Stimme, die mir zurief: ‚Saulus, Saulus, warum verfolgst du mich?' Ich fragte: ‚Wer bist du, Herr?' Er antwortete mir: ‚Ich bin Jesus, der Nazaräer, den du verfolgst.' Meine Begleiter sahen zwar das Licht, hörten aber die Stimme, die mit mir redete, nicht" (Apg 22,7–9). Paulus spricht im Tempelbezirk zur Menge. Er wiederholt den Bericht aus Kap. 26, als er sich an Agrippa II. wendet, und fügt hinzu (um den jüdischen König zu versöhnen), daß die Stimme zu ihm auf hebräisch sprach und sagte: „Es ist schwer für dich, gegen den Stachel auszuschlagen", eine uralte sprichwörtliche Redensart.
Ist das Mythus oder Wunder oder „Verkörperlichung" eines inneren Konflikts? Es ist nichts derart. Es war vermutlich eine natürliche Erscheinung. Genau das gleiche geschah etwa vor 15 Jahren in Jerusalem. Es war an Weihnachten, wieder gegen Mittag. Nach der Frühmette hatte sich eine Anzahl von Freunden in einem der oberen Räume der amerikanischen Kolonie versammelt, die nur etwa 100 Meter von der Kathedrale St. George entfernt ist. Einer der Gäste stand am Fenster und sah auf die Kirche hinüber. Ohne jede Warnung kam aus blauem Himmel blendender Blitz, der die Sonne auszulöschen

PAV
LVS
ACO
BVS

Oben: Der schneebedeckte Gipfel des Berges Hermon ist ein Wahrzeichen auf der schicksalhaften Reise des Paulus nach Damaskus. Der nördlich von der Straße nach Syrien gelegene 2759 m hohe Gebirgszug ist auf dem langen Ritt immer sichtbar gewesen.

Rechts: Die Lücke unserer Kenntnisse vom Leben des Paulus unmittelbar nach seiner Bekehrung wird wohl nie geschlossen werden. Die Tatsachen, die wir kennen, berichten, daß er einige Zeit in Arabien, und zwar im Königreich der Nabatäer, weilte. Die Hauptstadt dieses Gebietes war das berühmte rosenrote Petra, damals wie noch heute fast unzugänglich. Massige Bergwände bilden einen Hohlweg, der für Reiter den einzigen Zugang zur Stadt bietet.

Nächste Seite: Der See Genesareth im Jordangraben liegt 208 m unter dem Meeresspiegel und ist eine trogförmige Erweiterung, die der Fluß auf seinem Weg nach Süden ausfüllt. Auch hier zogen Paulus und seine Begleiter vorbei.

schien, begleitet (nicht gefolgt, so nahe war er) von einem furchtbaren Donnerschlag. Da der Augenzeuge überzeugt war, daß der Blitz die Kathedrale getroffen haben mußte, ging er sofort zurück zu St. George und sah, daß der Blitz tatsächlich die Kathedrale getroffen, eine der Fialen zerschmettert und das Haus des Bischofs beschädigt hatte, wobei im Innern ein Mann zu Boden geschleudert worden war. So lebt der Vorfall in der Erinnerung eines Manns, der ihn aus nächster Nähe beobachtet hat, und wie in allen solchen Fällen kommt es auf die Erinnerung an.

Etwas Ähnliches mag Saulus und seinen Gefährten fast zweitausend Jahre vorher geschehen sein, und genauso erinnerten sie sich daran. Nur war es für sie viel furchtbarer. Donner und Blitz, deren Ursprung unbekannt war, waren nicht nur schreckliche Offenbarung göttlicher Macht in einem Zeitalter, das nicht zwischen dem Natürlichen und dem Übernatürlichen unterschied, sondern dazu noch, in einer Zeit vor den Explosionen, das lauteste Geräusch und das hellste Licht, das dem Menschen bekannt war. Und sie kamen vom Himmel. Und was die Stimme angeht, nun eine Stimme war die *normale* Methode, den göttlichen Willen zu erfahren. Adam hörte eine Stimme, Jesaja hörte eine Stimme, der heilige Augustinus hörte eine Stimme, Jeanne d'Arc hörte mehrere.

Soweit, was die Erscheinung betrifft. Sie war natürlich und normal. Aber das Erlebnis? Das war ein Geheimnis, das Saulus für den Rest seines Lebens zu analysieren und zu ergründen versuchte. Er wußte nun, daß er die Freiheit gewonnen hatte, für die Gott ihn vom Mutterschoß an bewahrt hatte, daß er am Rand des äußersten Unheils – er hatte Gott verfolgt, nicht Menschen – durch die Hand eines vergebenden Gottes zurückgerissen worden war in die Sicherheit, die Erlösung. Der heilige Augustinus sagt in seinen *Bekenntnissen:* „Je schlechter ich wurde, desto näher wurdest du." Genau das geschah Saulus. Es ist vielen andern seitdem geschehen. Saulus empfing die große Gnade, es zu sehen – in einem Blitz.

Wir kommen jetzt zu der quälendsten Periode in seinem Leben (hier wollen wir beginnen, seinen apostolischen Namen Paulus zu gebrauchen). Er hörte die Stimme, aber für alle außer ihm war sie fast eine literarische „Stimme" ohne besonderes Gewicht, ganze siebzehn Jahre lang. Wir erfahren

Die Reise des Paulus nach Damaskus, wo er weitere Verfolgungen der Christen beabsichtigte, muß ihn durch Landschaften wie diese geführt haben, wo sich seit 2000 Jahren wenig geändert hat. Man sieht im Hintergrund die Hügel von Samaria und im Vordergrund die Ruinen der Mauern der alten Herodes-Stadt Sebaste. Paulus wird auf der Straße nach Norden Samaria östlich umgangen haben.

Oben: Auf seiner ersten Reise war Paulus der Begleiter des Barnabas, eines Juden aus Cypern. Die erste Station der Fahrt war Salamis auf Cypern, wo das Andenken an Barnabas besonders hochgehalten wird. Das Bild zeigt das Kloster des heiligen Barnabas.

Links: Das Ostufer des Toten Meeres unter einem Winterhimmel. Auf seinem Weg von Petra nach Damaskus muß Paulus hier gewesen sein. Er wird auch durch Jerash gezogen sein, dessen Ruinen (links unten) uns zeigen, daß diese Stadt damals ein Mittelpunkt von Bedeutung und beachtlicher Schönheit gewesen sein muß.

Rechts unten: Die Ruinen von Perge mit der älteren Oberstadt im Hintergrund. Die Anlage war typisch für alle hellenistischen Städte in Kleinasien, die Paulus auf seiner ersten Missionsreise besuchte. Perge wurde später der Mittelpunkt der christlichen Kirche in der Provinz Pamphylien.

aus der Apostelgeschichte, daß Paulus, immer noch im Zustand des Schocks wegen seines Erlebnisses, „an der Hand" in die Stadt geführt wurde und in die Obhut eines gewissen Judas, wahrscheinlich eines Gastwirts, in der Straße, die man die „Gerade" nennt. Sie heißt auf arabisch immer noch so und ist immer noch eine Hauptstraße. Reste ihrer kostbaren doppelten Kolonnaden stehen noch. Paulus blieb drei Tage lang ohne Essen und Trinken – Lukas der Arzt, der uns diese Mitteilung macht, konnte dies physiologische Detail nicht übersehen. Die Stimme hatte Paulus gesagt, daß er Damaskus betreten solle und daß ihm dort gesagt werden würde, was er tun müsse. Er erhielt jetzt Besuch von einem Anhänger des neuen Glaubens, namens Ananias. Das Grundstück seines Hauses, jetzt eine Gedächtnisstätte, liegt der Überlieferung nach genau nördlich der Straße, die die Gerade heißt.
Als Ananias zuerst seine Aufforderung erhalten hatte (wieder durch eine Stimme), hatte er eingewandt, daß „Saulus aus Tarsus" ein bekannter Verfolger der Gläubigen sei. Die Stimme antwortete, daß Saulus „ein auserwähltes Werkzeug" sei, „um meinen Namen vor Heiden und Könige zu tragen und vor die Kinder Israels" (Apg 9,15). Ananias tat, wie man ihn geheißen hatte, besuchte Paulus, legte ihm die Hände auf und sagte, daß derselbe Jesus ihn gesandt habe, den er auf seiner Reise gesehen habe. Sogleich „fiel es wie Schuppen von seinen Augen", er stand auf und wurde getauft. Dann nahm er eine Mahlzeit zu sich und fühlte sich besser. (Hier spricht wieder der Arzt.) In seinen überlieferten Schriften erwähnt Paulus neun- oder zehnmal die Taufe, aber von seiner eigenen spricht er nie. Sie bezeichnet das Überschreiten einer Linie zwischen Tod und Leben, was er bereits in seinem Damaskus-Erlebnis vollzogen hatte.

Nun kommt die unbeschriebene Periode im Leben des Paulus, nur beleuchtet durch ein paar Zeilen im Brief an die Galater, 20 Jahre später geschrieben. „Ich ging weg nach Arabien", sagt er, „und kehrte dann wieder nach Damaskus zurück. Drei Jahre später zog ich nach Jerusalem hinauf, um Kephas kennenzulernen, und blieb 15 Tage bei ihm. Einen andern von den Aposteln aber sah ich nicht, nur den Jakobus, den Bruder des Herrn ... Darauf kam ich in die Gegenden von Syrien und Cilicien ... 14 Jahre danach reiste ich wieder mit Barnabas hinauf nach Jerusalem" (Gal 1,17ff.).

Diese Straße in Damaskus heißt „die Gerade". Die alte Hauptstadt von Syrien wird schon im 16. Jh. v. Chr. erwähnt. Diese Straße dürfte so alt sein wie die Stadt selbst und immer so genannt worden sein, denn sie ist die Hauptstraße, die von Osten nach Westen führt.

Rechts: Der Aquädukt von Antiochia in Pisidien. Hierhin reisten Paulus und Barnabas zu Fuß von Perge, um die jüdische Gemeinde dieser kleinen Stadt zu besuchen.

Unten: Der Niketempel auf der Akropolis von Athen, im Hintergrund die moderne Stadt. Athen war einer der wenigen Orte, an denen Paulus scheinbar versagte. Obwohl diese Stadt damals nicht mehr den Glanz wie zur Zeit des Perikles besaß, hatte sie noch viel von ihrer Schönheit bewahrt und ihre Anziehungskraft als Bildungsstätte behalten.

Nächste Seite: Der Isthmus von Korinth, Blick nach Norden von Akrokorinth aus.

Oben: Tarsus war eine Stadt in der römischen Provinz Cilicien, die nach der Beschreibung des Paulus „keine arme Stadt" war. Nach dem Niedergang der Macht Roms wurde sie erobert und zurückerobert von den Truppen des Islam und von Byzanz. Heute sieht man nichts mehr vom Glanz dieser Stadt, da der Hafen am Fluß Kydnos versandete und auch die Landwirtschaft in den Kriegswirren weitgehend zugrunde gerichtet wurde.

Rechts: Petra, die aus dem Felsen gehauene Stadt der Nabatäer, wird zwar in der Apostelgeschichte nicht erwähnt, aber man kann mit Sicherheit annehmen, daß Paulus hier Station machte, „als er nach Arabien ging".

Nächste Seite: Ausschnitte aus einem Mosaik in der Cappella Palatina Rogers II. in Palermo. Links sieht man Paulus im Gespräch mit Bürgern von Damaskus, rechts die Szene, wie der Apostel in einem Korb an der Stadtmauer abgeseilt wird, um zu fliehen. Von diesem Ereignis berichtet Paulus in seinem 2. Korintherbrief. Der Mann, den er fürchtete, ist „der Gouverneur unter dem König Aretas". Diese Quelle unterscheidet sich vom Bericht der Apostelgeschichte (9,23), wo es Juden sind, die Paulus töten wollten und seine abenteuerliche Flucht veranlaßten.

17 Jahre! 17 Jahre sind eine lange Zeit im Leben eines jeden Menschen, aber diese 17 Jahre im Leben dieses Manns – wie quälend ist unsere Unkenntnis.

Wir wollen aber das wenige zusammenfassen, das wir wissen. Zuerst geht Paulus fort nach Arabien, was in diesem Zusammenhang das Königreich der Nabatäer bedeutet. Was tat er dort? Niemand weiß es. Einige haben vermutet, daß er sich für kurze Zeit in eine Wüstengemeinschaft zurückzog, wie etwa die der Essener von Qumran. Ricciotti gibt ihm nur „ein paar Monate". Bornkamm anderseits sagt, daß er zweieinhalb bis drei Jahre in Arabien war, diese Jahre aber nicht in mönchischer Abgeschiedenheit und in Betrachtung verbrachte. „Dieses nach dem Vorbild erbaulich ausgemalte Phantasiebild wird durch die Selbstaussage des Paulus nicht gerechtfertigt und widerspricht seinem klaren und nachdrücklich ausgesprochenen Verkündigungsauftrag" (S. 49).

Er dürfte die blühenden Städte Jerasch, Philadelphia (Amman) und Petra, die Hauptstadt des Königs Harith (Aretas), den Paulus in 2 Kor 11,32 erwähnt, besucht haben. Für den, der die Topographie kennt, gibt es einen flüchtigen, aber bedeutsamen Hinweis, daß Paulus Petra besuchte. Im Galaterbrief (4,24) macht er, als er von Agar (Hagar) spricht, eine Nebenbemerkung: „Das ist Hagar – denn der Berg Sinai befindet sich in Arabien.“ Hagar ist auf hebräisch dasselbe wie Petra im Griechischen und bedeutet „Felsen“. Petra ist nämlich zum großen Teil in Felsen gehauen. Bis heute ist es im Arabischen als Tal des Moses bekannt, und der Berg gegenüber heißt Aaron und gilt als heilig. Von dem Berg, der heute als Sinai bekannt ist, kann man nur in weitestem Sinn als „in Arabien“ sprechen. Er war zur Zeit des Exodus ein ägyptischer Militärposten und daher wohl der letzte Ort, den die fliehenden Israeliten besucht hätten. Einige Gelehrte setzen daher Petra mit Sinai gleich.

Wenn Paulus in diesen Städten gepredigt haben sollte, dann hatte er keinen großen Erfolg. Er würde auf Widerstand gestoßen sein, der ihn zwang, nach Damaskus zurückzukehren. Auch in dieser Stadt verschwor sich ein Beamter des nabatäischen Königs gegen ihn, und Paulus wurde gezwungen zu fliehen, wobei er in einem Korb über die Mauer hinuntergelassen wurde. Erst dann, zwei oder drei Jahre nach seiner Bekehrung, geht er nach Jerusalem, um Petrus aufzusuchen. Es war tatsächlich kaum mehr als ein Höflichkeitsbesuch, eine Höflichkeit, die einem, der erst drei kurze Jahre zuvor der Hauptfeind des Petrus und seiner Herde gewesen war, wohl anstand. Wie Bornkamm es ironisch ausdrückt: „...daß alle Ausführungen in Gal 1 und 2 einschließlich der Erwähnung seines kurzen Besuches bei Kephas" – man denke daran, daß es nur 15 Tage waren – „unter dem Leitgedanken stehen: ‚Ich habe mein Evangelium nicht von einem Menschen empfangen, bin auch nicht darüber belehrt worden' (Gal 1,12). Von einem spät nachgeholten Katechumenat und missionarischen Schnellkurs bei Petrus kann also nicht die Rede sein" (S. 50).

Eben während dieses Besuchs muß Paulus das geistliche Erlebnis gehabt haben, das er beschrieb, als er sich von den Stufen der Antonia aus ans Volk wendet (Apg 22,17): „Als ich dann nach Jerusalem zurückgekehrt war" (nach seiner Bekehrung) „und im Tempel betete, geriet ich in Verzückung. Ich sah ihn, und er sprach zu mir: ‚Zieh eilends weg von Jerusalem; denn sie werden dein Zeugnis über mich nicht annehmen'." Darum wurde der Besuch kurzerhand abgebrochen. Seine Freunde nahmen ihn mit nach Cäsarea, der Hauptstadt mit dem prächtigen Hafen, die mit Alexandria wetteiferte und die Herodes hier gebaut hatte. Hier schiffte er sich ein und kehrte über Syrien heim, heim nach Tarsus.

Tarsus war größer und blühender denn zuvor, angestrahlt von der, wie Plinius sagt, „unendlichen Majestät des römischen Friedens". Es war, wie Strabo es beschreibt, die Heimat der Philosophen mit einer Begeisterung für Bildung, die selbst die der Athener und Alexandriner übertraf. Die Segelmacher, unruhig, wie Dio Chrysostomus sie brandmarkt, waren immer noch zahlreich, wenn auch nicht Vollbürger dieser stolzen, „freien", sich selbst verwaltenden, tributfreien Handelsstadt. Aber für Paulus bedeutet nichts von dem viel, er hatte seine eigne Arbeit zu tun. Man fragt sich, wie

Petrus und Paulus, Ausschnitt aus dem großen Altarbild des Mantegna in der Kirche S. Zeno in Verona. Petrus muß dem Treffen damals mit gemischten Gefühlen entgegengesehen haben, da erst knapp drei Jahre seit der Bekehrung des Paulus vergangen waren und dieser vorher ja wegen seiner Verfolgung der Christen berüchtigt war.

Dies ist die Stelle, an der die Festung Antonia in Jerusalem lag. Hier predigte Paulus von den Stufen der Antonia zum Volk von Jerusalem und berichtet von der Warnung des Herrn „ziehe eilends weg von Jerusalem" (Apg 22,18), die den Anstoß zur Heidenmission bildete.

wohl seine Familie diesen neuen, selbstgewählten (wie es ihnen scheinen mußte) Zustand aufnahm. Sie können es kaum begrüßt haben, daß ihr Saulus zum Wanderprediger eines fremden Glaubens geworden war, da es ihnen allen doch so gut ging. Aber seine Arbeit in der Provinz war unerschöpflich, und sie scheint fruchtbar gewesen zu sein.

In diese Periode müssen wenigstens einige der Heimsuchungen gefallen sein, von denen er spricht: drei Schiffbrüche, fünf Geißelungen (jedesmal 39 Streiche) durch die Juden, drei andre Geißelungen, eine Steinigung (die später kam) und viele andre Gefahren. Aber er stand es durch. Und er erhielt seine Belohnung. Gegen Ende dieser 14 Jahre, schreibt er den Korinthern (2 Kor 12,2–9), daß 14 Jahre vor dem Datum dieses Briefs, d.h. etwa um das Jahr 43, er in den Himmel entrückt wurde und unsagbare Worte hörte, die ein Mensch nicht auszusprechen vermag. Damit er sich nicht überhebe, wurde ihm „ein Stachel für das Fleisch" gegeben, die geheimnisvolle und demütigende Krankheit, die er nicht näher erklärt, „ein Satansengel, auf daß er mich mit Fäusten schlage". Dreimal bat er den Herrn, von ihm abzulassen. Aber er erhielt als Antwort: „Es genügt dir meine Gnade, denn die Kraft wird in der Schwachheit vollendet."

So war es: Paulus sollte es bald beweisen und immerfort bis ans Ende seiner Tage beweisen.

Reisen und Heimsuchungen

Im Jahr 41, am 24. Januar, wurde Caligula ermordet. Am folgenden Tag wurde sein Onkel Claudius zum Kaiser proklamiert. Er verdankte seine Erhebung weitgehend seinem alten Freund Herodes Agrippa, Enkel von Herodes dem Großen und nach dem Minister des Augustus Marcus Vipsanius Agrippa genannt. Caligula hatte sich selbst für göttlich erklärt und hatte befohlen, seine Statue im Tempel von Jerusalem aufzustellen. Herodes Agrippa, der zu der Zeit in Rom war, hatte den halbverrückten Kaiser unter Gefahr seines Lebens überredet, den Befehl aufzuheben, und sich dadurch in jüdischen Augen große Achtung erworben. Claudius setzte ihn nun aus Dankbarkeit wieder in den alten Herrschaftsbereich von Herodes dem Großen ein. Die Wiedererrichtung des Königreichs trug die Juden von Palästina auf den Gipfel ihres irdischen Glücks. Fort war der Prokurator, fort waren die Legionen, die Adler, die Steuereinnehmer. Agrippa benahm sich vorbildlich: in Rom tat er, wie die Römer taten, in Jerusalem war er ein frommer Jude.

Wie wir wissen, waren die ursprünglichen Apostel in Jerusalem geblieben. Sie begannen, Anhänger zu gewinnen, und machten wahrscheinlich, wie Abel bemerkt, den Hellenisten den Erfolg ihrer Mission streitig, um so Katalysatoren nationaler Solidarität zu werden; aber es war der Erfolg des neuen Glaubens in Antiochia, der die Dinge zur Entscheidung brachte. Dort hatte die Arbeit von zypriotischen und cyrenischen Missionaren eine Anzahl von Griechen eingebracht. Das Haupt dieser Missionare war Barnabas, ein hellenistischer Jude aus Zypern, der in Jerusalem Eigentum besaß. Als Antiochia, die dritte Stadt des Reichs, ein Mittelpunkt für die Anhänger des „Neuen Wegs“ wurde, bedeutete das, daß sie und ihre Brüder nicht länger mehr bloß als eine weitere schwache jüdische Sekte angesehen werden konnten. Die Bürger von Antiochia erkannten das: sie nannten sie *Christen* (der Name kommt hier zum erstenmal vor), Männer Christi; eine dritte Rasse neben den Griechen und Juden. Das waren beunruhigende Nachrichten für Herodes Agrippa und die orthodoxen Prälaten seiner Hauptstadt. Die ganze Bewegung war umstürzlerisch, befanden sie, und könnte wohl dazu führen, die weltliche und kirchliche Autorität zu stürzen. Offensichtlich mußten die Anführer bestraft werden. Agrippa begann damit, Jakobus hinzurichten, den Sohn des Zebedäus, einen dieser erregbaren Galiläer, die so oft Unruhe stifteten. Als souveräner, wenn auch Vasallenkönig hatte er die Autorität dazu. Das befriedigte die Frommen sehr. „Da er bemerkte, daß das den Juden gefiel, ließ er auch Petrus festnehmen“ (Apg 12,3). Er beabsichtigte, ihn nach dem Paschafest, wenn Jerusalem von Pilgern überschwemmt war, öffentlich hinrichten zu lassen.

Eins der seismischen Beben, denen Jerusalem ausgesetzt ist, scheint das Gefängnis zerstört zu haben, und Petrus entkam und floh aus der Stadt. Er hinterließ einige kleine Zentren des neuen Glaubens, wie das Haus der Maria, der Mutter des Johannes Markus und Tante des Barnabas, wo Jakobus, der Herrenbruder, und die Ältesten sich zu Gebet und Geselligkeit zu versammeln pflegten.

Nächste Seite oben: Vom römischen Antiochia ist heute fast nichts mehr zu sehen. Einst war es die größte Stadt am Orontes, die an Bedeutung gleich nach der Gründerstadt Rom und nach Alexandria stand. Hier in Antiochia wurden die Nazarener zum erstenmal als Christen bezeichnet. Die Tätigkeit des Barnabas konzentrierte sich ursprünglich hier, wo auch die ersten Heiden zur Kirche übertraten. Unser Bild zeigt einen Teil der heutigen Stadt.

Unten: Römische Ruinen in Salamis auf Cypern, das in der Nähe der modernen Stadt Famagusta liegt. Barnabas, Paulus und Johannes landeten in Salamis auf der ersten Etappe ihrer ersten Missionsreise.

YEŞİL BURSA
TUHAFİYE MAĞAZASI
SPO
TOTO
HOTEL
ATAHAN
E·RE·JA
OLONYALARI
KARAVAN
PAVYON

Ein Herrschaftswechsel in Rom konnte weitreichenden Einfluß auf das Leben der Untertanen im Imperium haben. Caligula (oben links), der Nachfolger des Tiberius, war verrückt genug, um die Aufstellung seines Bildnisses im Tempel von Jerusalem zu verlangen. Er wurde von diesem Beschluß, der einen Aufstand ausgelöst hätte, nur durch die Klugheit von Herodes Agrippa abgebracht, der dann König Agrippa I. der Juden wurde. Nach 4 Jahren Mißwirtschaft wurde Caligula ermordet. Sein Nachfolger wurde der von ihm verachtete Onkel Claudius, was wiederum vor allem der Geistesgegenwart des Herodes Agrippa zu verdanken war. Claudius (oben rechts) erwies sich als weit besserer Herrscher als seine beiden Vorgänger und sein Nachfolger Nero.

Barnabas auf einem Gemälde von Botticelli (rechts). Er war ein Jude aus Cypern und einer der ersten Christen. Barnabas führte den eben bekehrten Paulus bei den Aposteln in Jerusalem ein und begleitete Paulus auf seiner ersten Reise. Er soll im Jahre 61 n. Chr. in Salamis auf Cypern den Martyrertod erlitten haben.

Folgende Seite: Jakobus, der Sohn des Zebedäus und Bruder des Johannes, der Jakobus der Große genannt wurde, war der erste Martyrer unter den Aposteln. Mantegnas Gemälde zeigt den Apostel vor Herodes Agrippa, unter dessen Regierung Jakobus im Jahre 44 n. Chr. enthauptet wurde.

Auf dem Höhepunkt dieser Verfolgung geschah eine verheerende Hungersnot, die Agabus, einer der christlichen Propheten, der von Antiochia nach Jerusalem gekommen war, vorhergesagt hatte. Diese Ereignisse rufen erneut nach langer Abwesenheit Paulus auf den Plan.

Barnabas, der von dessen Missionstätigkeit in Cilicien gehört hatte, überredete ihn, sich der werdenden Kirche in Antiochia anzuschließen, und so begab sich Paulus nach dieser prächtigen Stadt am Orontes. Fast nichts von ihr ist heute übriggeblieben, außer dem großen Gürtel von Wällen, die bis zum Gipfel des Bergs Silpius hinaufsteigen, und eine prachtvolle Sammlung von Mosaiken, die amerikanische Archäologen gerettet haben. Der Rest ist verschwunden: die gepflasterten Straßen, die Kolonnaden, die großen Tore, zerstört durch Erdbeben – zwei gab es in römischer Zeit und ein drittes 526, das eine Viertelmillion Menschen tötete – und durch sassanidische Eindringlinge aus Persien. Paulus war schon ein Jahr dort und arbeitete mit Barnabas, als Agabus seine Warnung aussprach. Sofort beschloß die christliche Gemeinde, jetzt die größte und verläßlichste von allen, ihre Verbundenheit mit der Mutterkirche zu bekunden, indem sie ihr Hilfe schickte, um ihren Mitgliedern in ihrer geistlichen und materiellen Not zu beweisen, daß ihre wohlhabenderen Brüder an sie mit kindlicher Liebe und Dankbarkeit dachten.

Barnabas und Paulus wurden mit dieser Mission der Barmherzigkeit betraut. Die genaue Zeitbestimmung ist wie immer schwer; aber es kann sein, daß Agrippa starb, als sie in Jerusalem waren. Das war im Frühjahr 44. (Abel möchte die Mission zwei Jahre später ansetzen, nimmt 45 als mögliches Datum an.) Paulus und Barnabas verweilten nicht lange. Sie gingen nach Antiochia zurück und nahmen Johannes Markus mit, den Vetter des Barnabas, der der Verfasser des zweiten Evangeliums werden sollte.

Einen Tag nach ihrer Rückkehr, während die Gläubigen sich fastend zum Gebet versammelt hatten, sagte der Heilige Geist, wobei er zweifellos durch den Mund eines der Propheten und Lehrer sprach, die in der Versammlung waren (Apg 13,1): „Sondert mir Barnabas und Saulus zu dem Werke aus, zu dem ich sie berufen habe." Daraus wurde dann das, was man gewöhnlich die erste Missionsreise des Paulus nennt. Genaugenommen war schon seine Tätigkeit in Cilicien das gewesen; aber wo soviel Verwirrung Zeiten und Aufenthalte verdunkelt, ist es besser, sich an die überlieferte Zählung zu halten. Das allgemein angenommene Datum ist das Jahr 45.

Wie sollte der Reiseweg verlaufen? Zypern bot offensichtliche Vorteile. Es war das Heimatland nicht nur des Barnabas, sondern auch derer, die geholfen hatten, den Glauben in Antiochien zu gründen. Auch Paulus kann sehr wohl Bindungen an Zypern

gehabt haben, sehr wahrscheinlich geschäftliche, da Cilicien nur 50 Meilen von der Insel entfernt ist, von wo aus man es leicht sehen kann. Die Hafenstadt von Antiochia war Seleukia-Pieria an der Mündung des Orontes, wo die Ruinen der römischen Stadt noch auf den niedrigen Hängen des Berges, namens Musa Dag, zu sehen sind, und unter der Stadt ist der kleine, al-Mina genannte Hafen. Er ist heute, wie die Häfen von Tarsus, Salamis, Perge, Ephesus, Troja und so viele andre versandet. Der Grund dafür ist traurig. Jahrhundertelange Entwaldung der Höhen durch Ziegen und Baumfäller hat Erosion verursacht, durch die wiederum der kostbare Mutterboden zur Küste hin abgewaschen wurde, wobei sowohl die Häfen wie ihr Hinterland ruiniert wurden. Konservierung war bis zu den Tagen des Kaisers Hadrian, der die Zedern des Libanon für die Nachwelt rettete, unbekannt.
In Seleukia schifften sich die beiden Missionare mit ihrem Helfer Johannes ein nach Salamis in der Nähe des heutigen Famagusta. Es stand an dem goldenen Strand, der uns heute noch entzückt. Das meiste von dem, was heute zu sehen ist, ist spätrömisch oder byzantinisch, aber das Gymnasium und die Bäder, wie so viele römische Bäder fast unmittelbar am Strand, lassen verstehen, welche Größe sich dem vom Meer kommenden Besucher dargeboten haben muß.
Wie üblich, predigten Paulus und Barnabas in den Synagogen (Apg 13,5), und sie zogen durch das ganze Land mit Paphos als Ziel. Ihr Weg wird sie nach Kitium geführt haben, dem Geburtsort Zenos, des Begründers der Stoa. Sie werden auch in manchen andern Bevölkerungszentren verweilt (Plinius spricht von 15) und ihre frohe Botschaft gepredigt haben.
Schließlich kamen sie nach Paphos, dem Sitz des römischen Statthalters. Die Stadt besaß einen guten Ruf bei den Römern, denn sie war Mittelpunkt des Kults der Venus oder Aphrodite, die dem Schaum des nahen Meers entstiegen war. So berühmt war sie, daß Augustus sie nach einem schweren Erdbeben auf einem andern Gelände wieder erbauen ließ, und in dieses neue Paphos, amtlich Sebaste, d. h. Augusta, genannt wie das Sebaste des Herodes des Großen in Palästina, bekannt als die „heilige Hauptstadt", kamen Paulus und Barnabas. Die jüdische Gemeinde war in der Zeit Trajans ausgelöscht worden, aber als Paulus und Barnabas die Insel besuchten, war sie beträchtlich. Ihre Zahl hatte sich ständig vergrößert, seit Augustus Herodes dem Großen die Aufsicht über die Kupferminen übertragen hatte.
Hier in Paphos geschah ein bemerkenswertes Ereignis. Der Statthalter Sergius Paulus (er war Prokonsul) war ein intelligenter Mann, und als er von den Tätigkeiten der Missionare hörte, schickte er nach ihnen und forderte sie auf, ihre Lehre vor ihm auszubreiten. Es traf sich, daß an seinem Hof ein Magier war (das war ganz normal, denn alle Römer waren pathologisch abergläubisch), ein Jude namens Bar-Jesus. Als er sah, welchen Eindruck Barnabas und Paulus auf seinen Herrn machten, versuchte er alles, um ihn vom Zuhören abzubringen. Paulus, wie er von nun an regelmäßig genannt wird, legte sich mit ihm an und gewann: Sergius Paulus bekehrte sich. Die Tatsache, daß Paulus in der Apostelgeschichte hier zum erstenmal so genannt wird, weist daraufhin, daß er sich auf seine römische Bürgerschaft berief, wobei ihm der Zufall der Namensgleichheit mit dem Statthalter günstig war. Bisher gab es noch kein amtliches römisches Vorurteil dagegen, daß ein Statthalter Christ wurde. Es war in den Augen der Herrscher das gleiche, als wenn er ein Anhänger, sagen wir, der Isis oder des Pythagoras gewesen wäre.
Die beiden Missionare überquerten nun das enge Meer zwischen Zypern und Vorderasien mit Perge als Ziel, landeten aber augenscheinlich nicht in dem damaligen und heutigen Haupthafen Attalia, genannt nach König Attalus II. von Pergamon (159–138 v. Chr.), dessen Säulenhalle in Athen von

seiner kulturellen Abhängigkeit von Griechenland zeugt, sondern segelten den Fluß Kestros hinauf nach Perge. (Attalia wurde im Türkischen zu Adalia, und als die Türkei 1928 die arabische Schrift zugunsten der lateinischen aufgab, verwandelte es der griechische Angestellte, der die Umschreibung vornahm und für den der Laut „d" sich durch „nt" darstellte, in Antalya, wie es heute noch heißt.)
Perge ist für den modernen Forscher eine der interessantesten Städte von allen, die Paulus besucht hat, und das aus zwei Gründen. Der eine liegt in Paulus, der andre in uns. Auf Zypern war Barnabas der Führer, schließlich war er in seinem Geburtsland, und er war Leiter der Mission. Aber in Paphos war in ihre Beziehung ein feiner Wandel getreten. Dort hatte Paulus, der römische Bürger, gezeigt, daß er in dieser Eigenschaft in einer römischen Provinz den Vorrang haben mußte. Pamphylien, in dem Perge lag, war im Jahr 42 Provinz geworden. Johannes Markus, ein feinfühliger junger Mann, bemerkte diesen Wandel: sein Onkel stand jetzt an zweiter Stelle. Johannes nahm das übel, außerdem hatte er Heimweh. Er sah nicht ein, warum er eine bestimmt mühsame und möglicherweise gefährli-

Oben: Dieser Ausschnitt aus einem Teppichentwurf Raffaels für die Sixtinische Kapelle in Rom zeigt die Szene am Hofe des Statthalters Sergius Paulus in Paphos, wo der Apostel Paulus den Zauberer Ely erblinden ließ, weil er die Bekehrung des Statthalters zu verhindern suchte (Apg 13,6–12). Dort wurde der Apostel zum erstenmal Paulus genannt. Vermutlich hat er die lateinische Form seines Namens Saul benutzt, weil er mit einem römischen Statthalter, dem Sergius Paulus, „einem verständigen Mann", zu verhandeln hatte.

Unten: Elfenbeinrelief aus dem 5. Jh. von einer Schatulle im Britischen Museum in London. Dargestellt ist rechts die Szene in Ikonium, wo Thekla im Hause des Onesiphoros den Worten des Paulus zuhört. Links sieht man die Steinigung des Paulus in Lystra durch eine erboste Volksmenge, die ihn noch kurz zuvor als Gott ausgerufen hatte.

che Reise in das Hochland machen sollte – denn dahin jetzt zu gehen war Paulus entschlossen – und dazu noch als Untergeordneter. Sehr wahrscheinlich litt Paulus unter einem Anfall von Malaria, die er sich ursprünglich im Marschland von Tarsus zugezogen hatte und die nun wegen des entnervenden Klimas der Küstenebene wieder ausgebrochen war. Die Entscheidung des Markus, nach Hause zu gehen, beleidigte Paulus im Übermaß, wie wir noch sehen werden.

Was Perge uns so interessant macht, ist, daß wir hier wie in Athen und Jerusalem die Stadt zum großen Teil so sehen können, wie Paulus sie sah. Perge ist eine typisch hellenistisch-asiatische Stadt. Das heißt, die alte Stadt stand auf einem Berg oder einer Akropolis genau wie das alte Athen und das alte Rom gemäß dem ersten Bevölkerungsgesetz von Malthus, nach dem die Menschen in unruhigen Zeiten Zuflucht auf Bergen suchen und in die Ebenen hinuntersteigen, wenn die Sicherheit hergestellt ist. Es gibt in der Levante Dutzende von Beispielen solcher Lagen, aber keins ist so beredt und typisch wie Perge. Der Stolz der Oberstadt, die sicher bis ins 7. Jahrhundert v. Chr. zurückgeht, war das Heiligtum der Artemis, der Fürstin der Stadt, der Göttin, die im Gedicht des Kallimachus bekennt, daß sie Perge über alle andern Städte, augenscheinlich auch über Ephesus, liebte. Darunter liegt die geräumige, ruhige hellenistische Stadt. Wenn man sie betritt, geht man zwischen einem großen Theater, das, wie alle solche Gebäude, wenn möglich, in den Berghang hineingebaut ist, und einem auf Steinbögen ruhenden Stadion. Diese sind in ihrer gegenwärtigen Form römisch, aber zweifellos griechischen Ursprüngen angepaßt. Auf der westlichen Seite der ummauerten Stadt, die wir nun betreten, steht immer noch die prächtige hellenistische Stadtmauer, mit ihren wohlerhaltenen Türmen so stolz, daß sie dem ungeübten Auge mittelalterlich erscheinen mag. Eben diese Mauer grüßte auch das Auge des Paulus. Sie gibt uns eine persönliche Beziehung zu ihm, wie nur wenige andre Ansichten es tun.

Um zu seinem Ziel, Antiochia in Pisidien, zu gelangen, mußte Paulus auf eine Hochebene von mehr als 1000 Meter über dem Meeresspiegel steigen. Wie gelangte er dorthin? Professor Lloyd, der das ganze Gebiet genau kennt, glaubt, daß in römischen Zeiten der Pfad genau nördlich von Perge unwegsam war und daß er die Reisenden auf jeden Fall zu weit nach Westen geführt hätte. Lloyd glaubt, daß sie ostwärts reisten entlang der großen Straße, die Ephesus und Tarsus verbindet, bis nach Side, einem großen Handelshafen, und dann nordwärts auf „der alten Landstraße über den Taurus, die durch Akseki und östlich am See Beysehir vorbeiführt. Das ist eine sehr schöne Straße, beliebt bei den Seldschuken, die auf der ganzen Strecke kunstvolle Steinkarawansereien in Abständen einer Tagesreise bauten."

Sie erreichten Antiochia in Pisidien, das zwischen Yalvac und Aksehir liegt, das letzte heute eine Hauptbahnstation. Dieses kleinere Antiochia war in keiner Weise einer großen Stadt wie Perge vergleichbar. Hoch oben auf der Ebene gelegen, war es schon damals eine kleine, isolierte Stadt, und die Ankunft von zwei Fremden erregte beträchtliches Aufsehen. Natürlich besuchten sie, wie es ihr Brauch war, am Sabbat die Synagoge, und nach den vorgeschriebenen Lesungen aus dem Pentateuch und den Propheten forderten die Synagogenvorsteher ihre Gäste zu einem Wort der Ermahnung auf. Paulus erhob sich, „gab mit der Hand ein Zeichen" (Apg 13,16) (eine für ihn charakteristische Geste) und wandte sich sowohl an die Juden wie an die „Gottesfürchtigen", d.h. jene, die der Sittenlehre des Judentums zuneigten, ohne sich der Judenheit anzuschließen. Paulus gab einen beredten Überblick über die jüdische Geschichte und endete mit der Erklärung, daß Jesus von Nazareth der wahre Messias sei, daß er von den Toten auferstanden sei und daß durch ihn alle Vergebung der Sünden finden könnten. Die Rede machte einen tiefen Eindruck. Juden, „Gottesfürchtige", selbst Heiden wollten mehr hören.

Am nächsten Sabbat war die Synagoge übervoll. Paulus hielt wieder seine Ansprache und begeisterte und tröstete wieder viele seiner Zuhörer. Aber natürlich weckte sein Erfolg Eifersucht, wie es der Erfolg immer tut, und Mitglieder der orthodoxen Partei schmähten Paulus und Barnabas (in dieser Reihenfolge erscheinen sie jetzt) als Betrüger, woraufhin Paulus seine historische Erklärung abgab: „Euch mußte zuerst das Wort Gottes gepredigt werden. Weil ihr es aber abweist und euch selbst des ewigen Lebens nicht wert erachtet, wenden wir uns an die Heiden" (Apg 13,46). Ja, in dieser trüben, unscheinbaren Stadt wurde dieser große Schlachtruf zum erstenmal ausgesprochen. Und der Erfolg war, daß das Evangelium im ganzen heidnischen Land verkündet wurde. Aber die Frauen aus dem pisidischen Antiochia, aufgestachelt durch die Juden, bearbeiteten die Vorsteher der Stadt, welche die Neuankömmlinge aus der Stadt vertrieben.

So „schüttelten Paulus und Barnabas den Staub von ihren Füßen" und kamen hinunter nach Ikonium, dem heutigen Konya. Sie folgten wahrscheinlich der Linie der heutigen Eisenbahn. Ikonium war damals wie auch in den Tagen des Islam und heute noch ein bedeutendes Handelszentrum, das von Juden wie Heiden häufig aufgesucht wurde. Den beiden Missionaren ging es hier genauso wie in Antiochia. Es ging alles nach dem mittlerweile übli-

Die Szene in der Stadt Lystra, wo das Volk nach einer Krüppelheilung davon überzeugt war, daß Paulus und Barnabas Götter seien, die auf die Erde gekommen seien. Zum Entsetzen der beiden Missionare wollten die Priester des Zeus ihnen ein Opfer darbringen (Apg 14, 11 ff). Teppichentwurf Raffaels für die Sixtinische Kapelle.

chen Muster: Willkomm, Interesse, Ablehnung, Vertreibung. Aber der Aufenthalt des Paulus in Ikonium ist von besonderem Interesse, denn hier ereignete sich das Zwischenspiel, das uns einen nicht ganz zeitgenössischen, aber sicher authentischen Bericht über sein Aussehen verschafft. Er ist in einer Wiedergabe aus dem zweiten Jahrhundert eines früheren Dokuments enthalten, bekannt als die *Akten des Paulus und der Thekla.*

Die Geschichte betrifft die Begegnung zwischen Paulus und einer vornehmen Dame aus Ikonium, namens Thekla. Der Ruhm war Paulus vorangegangen, und so kam es, daß ein Bürger von Ikonium, namens Onesiphoros, als er hörte, daß Paulus ankommen sollte, ihm entgegenging, um ihn in sein Haus einzuladen. Da er ihn nie gesehen

hatte, sagte man ihm, er solle Ausschau halten nach „einem Mann von kleiner Gestalt, kahlköpfig, krummbeinig, mit zusammengewachsenen Augenbrauen und einer ziemlich dicken Nase und voller Gnade, denn manchmal sah er wie ein Mensch aus und manchmal hatte er das Antlitz eines Engels". Mit Professor Lloyds Worten: „Eher eine liebevolle als eine schmeichelnde Beschreibung." Die beiden Männer trafen sich, und an jenem Abend predigte Paulus im Haus des Onesiphoros.

Nun wohnten Theklas Eltern jenem Haus gegenüber, in einer der engen Gassen, wie es sie heute noch in Konya in Fülle gibt. Mehrere Abende lang saß Thekla am Fenster und lauschte der Stimme von gegenüber. Als sie den ungesehenen Sprecher über die Jungfräulichkeit predigen hörte (es war eins ihrer Lieblingsthemen), kündigte sie zum großen Ärger ihrer Familie das Verlöbnis, das man für sie bestimmt hatte. Ihre wütenden Eltern strengten eine Klage gegen Paulus an wegen Entfremdung. Paulus wurde eingekerkert, aber es gelang Thekla durch Bestechung der Wärter, seine Zelle zu betreten und ihm zu Füßen zu sitzen. Wegen dieser Herausforderung wurde sie zum Tod durch Verbrennen verurteilt, aber durch einen wunderbaren Wolkenbruch gerettet.

Als Paulus aus der Stadt ausgewiesen wurde, folgte sie ihm, als Mann verkleidet, von Ort zu Ort und lauschte seinen Predigten. Ihre Verkleidung wurde durchschaut, und sie wurde erneut vor Gericht gestellt und zu allen möglichen Martern verurteilt, vor denen sie schließlich ein gewisser Tryphaena rettete, ein Angehöriger der großen römischen Familie der Antoniner, deren einer Sohn im Jahr 37 König von Pontus war. Die Antoniner hatten Besitz in Pisidien. Mit Tryphaenas Hilfe fand Thekla einen ruhigen Zufluchtsort in Seleukia (Selifke) in Cilicien und widmete sich hier ganz der christlichen Lehre. In Mariamlik in der Nähe von Selifke wurde über der Höhle, in der Thekla lebte, eine kleine Kirche gebaut. Als Professor Lloyd sie 1955 besuchte, war nur noch ein einzelnes Fragment der Apsis erhalten, aber die Höhle darunter war noch da. Thekla wurde die Patronin der christlichen Lehrer. Es gibt im Orient viele ihr geweihte Kirchen, und die großen westlichen Kirchenlehrer Ambrosius und Augustinus waren mit ihrer erbaulichen und reizenden Geschichte vertraut.

Von Ikonium zogen Paulus und Barnabas nach Lystra, etwa 25 Meilen südlich, einer Kleinstadt von noch geringerer Bedeutung als das pisidische Antiochia. Ein Jahrhundert früher, als Cicero Pisidien regierte, war es die Zuflucht von Räubern gewesen.

Es geschah, daß in Lystra ein Mann lebte, der von Geburt an Krüppel war. Er konnte nicht gehen. Dieser Mann war von der Predigt des Paulus tief bewegt, so sehr, daß Paulus, der seinen Glauben sah, mit lauter Stimme zu ihm sagte: „Stell dich aufrecht auf deine Füße!" Sofort sprang der Mann auf und ging umher. So steht die Geschichte in Apg 14. Glaubensheilung ist in späteren Epochen nicht unbekannt, wenn auch ihr tatsächliches Ausmaß heftig umstritten ist. Daß Paulus eine Art Therapie angewandt haben muß, geht aus den weiteren Ereignissen hervor. Denn es wird berichtet, daß die Einwohner in ihrer Muttersprache (Griechisch wird in

Lystra kaum bekannt gewesen sein) ausriefen, daß die Götter Menschengestalt angenommen hätten, und sie nannten Barnabas Jupiter und Paulus Merkur, den Götterboten, weil er das Wort führte. Der Priester des Jupiter ging so weit, ein Opfer mit Kränzen am Stadttor, der uralten Stätte für große öffentliche Versammlungen, vorzubereiten.
Paulus und Barnabas waren empört und taten alles, um das Volk abzuhalten, das, vertraut mit der Legende von Philemon und Baucis, in der Erscheinung des Paulus und Barnabas eine Verwirklichung der Legende sah. In dieser Situation erschienen nun Juden von Ikonium, die eine der Kehrtwendungen zuwege brachten, denen Volksversammlungen unterliegen (Paulus sollte in Malta eine andre, viel glücklichere erleben). Im Nu hatten sie Paulus umringt, steinigten ihn und ließen ihn für tot vor der Stadt liegen. Aber Paulus erholte sich und konnte Lystra verlassen, um nach Derbe, 30 Meilen südöstlich zu gehen. Hier müssen sich die Missionare einige Zeit aufgehalten haben, denn sie bekehrten viele.
Von Derbe aus würde es für die beiden Gefährten leicht gewesen sein, nach Tarsus durch die Cilicische Pforte, den historischen Paß durch das Taurusgebirge, eine Strecke von 150 Meilen, zu gelangen und von da aus nach dem syrischen Antiochia, von wo sie ausgegangen waren. Aber sie entschieden sich tapfer, die kleinen Kirchen, die sie auf ihrer Reise gegründet hatten, wieder zu besuchen und zu „bestärken". Das taten sie und sprachen in Lystra, Ikonium, Antiochia in Pisidien und Perge vor. Perge war bestimmt, im Lauf der Zeit Sitz des Metropoliten von Pamphylien zu werden, ein sicheres Zeichen einer wirksamen Gründung durch Paulus. Dann schifften sie sich in Attalia ein und kehrten so in das syrische Antiochia zurück, von wo sie etwa fünf Jahre früher ausgezogen waren.

Oben: Der Hafen von Antalya, dem Attalia des Neuen Testaments.

Unten links: Dieses türkische Dorf liegt an der Stelle des Ortes Derbe in Cilicien, wohin sich Paulus und Barnabas von Lystra aus begaben, um sich von dem Angriff und der Steinigung zu erholen.

Unten rechts: Die „Cilicischen Tore", der Paß durch das Taurusgebirge, der seit undenklicher Zeit von Reisenden benutzt wird, sind heute durch eine moderne Straße erschlossen. Paulus und Barnabas legten die 150 Meilen von Derbe nach Tarsus zu Fuß zurück.

Krise und Kompromiß

Es war das Wort *Christ,* das die Unruhe verursachte. Paulus und Barnabas waren zurück in Antiochia, erzählten eingehend über alles, was sie in Asien erreicht hatten, und wie Gott den Heiden „die Tür zum Glauben" geöffnet hatte. Als das den Gläubigen in Jerusalem zu Ohren kam, waren sie tief beunruhigt. Sie waren treue Christen, aber gleichzeitig waren sie treue Juden. Für sie war es undenkbar, daß jemand Christ sein konnte, Anhänger Jesu, ohne zuerst in die Judenheit eingegliedert worden zu sein. Welche *Gotteslästerung,* das Gesetz des Moses, den Führer und Wächter der Auserwählten seit tausend Jahren, abzuschaffen... Und doch geschah genau das in Antiochia und wurde als Lehre durch die erfolgreichen Missionare verbreitet, die von dieser Stadt aus wirkten.

Sowohl aus dem Lukasbericht (Apg 15,1–3) wie aus dem Bericht des Paulus im *Galaterbrief* wird klar, daß es sich in keinem Fall um eine amtliche Untersuchung gehandelt hat, die von den ehrwürdigen Führern in Jerusalem mit Petrus und Jakobus, dem Herrenbruder, an der Spitze veranlaßt worden war. Lukas sagt nur, daß „einige Männer" von Jerusalem kamen; Paulus, stärkere Worte gebrauchend (er schreibt fünf Jahre später an die Galater, um ihnen ausdrücklich ernste Vorhaltungen zu machen, weil sie sich durch Judaisten hatten irreführen lassen), nennt sie „falsche Brüder, die sich eingedrängt hatten, um unsre Freiheit, die wir in Christus Jesus haben, zu belauern, damit sie uns versklaven könnten" (Gal 2,4).

Diese Beschreibung läßt vermuten, daß es die Starrköpfigen in Antiochia selbst waren, die den Anstoß zur Untersuchung gaben. Paulus und Barnabas widerstanden ihnen natürlich. Am Ende kamen beide Parteien nach langen Debatten zu einer sehr vernünftigen Entscheidung: sie wollten den Streit dem Schiedsspruch der ehrwürdigen Apostel in Jerusalem unterbreiten. Paulus ging auf einem ausgesprochen heidnischen Weg dorthin: über Tyrus, Sidon und Samaria. Waren sich die beiden Parteien darüber klar, daß sie durch ihre Entscheidung die ganze Weltgeschichte ändern sollten? Das ist unwahrscheinlich, aber es war wirklich so.

Unglücklicherweise wissen wir keine Einzelheiten über das, was geschah. Der Evangelist Lukas, der Verfasser auch der Apostelgeschichte, schreibt Petrus und Jakobus formvollendete Reden zu, berichtet aber nicht, was Paulus, der die Besprechung beherrscht haben muß, oder Barnabas tatsächlich gesagt haben. Im Galaterbrief macht Paulus klar, daß er den Judaisten, von denen wenigstens einige Pharisäer der strengeren Richtung waren, nicht nachgegeben hat. Petrus hatte schon, wie in Apg 10 berichtet wird, einen heidnischen Hauptmann in die Gemeinde aufgenommen. Er wird daher als Paulus gegenüber versöhnlich dargestellt. Ebenso war Jakobus dafür, daß heidnischen Bekehrten nur auferlegt werden sollte, sich von Götzenopferfleisch zu enthalten (denn das hätte Teilnahme an heidnischen Opfern bedeutet), von Nahrung, die Blut enthielt oder von Ersticktem bereitet war, und von Unzucht. Nach Apg 15,25–27 wurden diese vernünftigen Kompromißentschließungen einem Brief eingefügt, der von „unsern geliebten Barnabas und Paulus" mit andern Mitgliedern der Jerusalemer Gemeinde nach Antiochia gebracht und dort mündlich erklärt werden sollte. Man wollte die Brüder in Antiochia nicht den Eindruck gewinnen lassen, als ob Paulus, angesichts eines letzten Endes völlig echten Unterschieds der Anschauungen, seine eigenen Meinungen durchgesetzt hätte.

„Wenn du als Jude heidnisch lebst, wie kannst du da die Heiden zwingen, jüdischen Brauch zu beobachten?" Diesen Vorwurf der Inkonsequenz machte Paulus dem Petrus in Antiochia (Galaterbrief 2,11–14). Gemälde von Guido Reni in der Galerie Brera in Mailand.

Die Frage wurde dort und damals nicht ein für alle Male beigelegt. Paulus erzählt uns, daß das Konzil sich in völliger Freundschaft auflöste und daß man ihm und Barnabas den „Handschlag der Gemeinschaft" reichte mit der Aufforderung, die Armen nicht zu vergessen. Dieser Aufforderung nachzukommen war Paulus gern bereit. Von überragender Bedeutung aber war, was Paulus durchgesetzt hatte. Während die Jerusalemer Ältesten sich hauptsächlich darum kümmern sollten, ihre jüdischen Genossen zu gewinnen, waren Paulus und Barnabas frei – mehr noch, sie hatten den ausdrücklichen Auftrag –, sich an die Heiden zu wenden. Allerdings machte Paulus ein wenig später Petrus, als er nach Antiochia kam, Vorwürfe. Petrus hatte nämlich zuerst zusammen mit Heiden gegessen. Als aber einige von den Gefährten des Jakobus nach Antiochia kamen, hatte er damit aufgehört aus Furcht, sie zu beleidigen. Barnabas tat das gleiche. Paulus beschuldigte Petrus des Wankelmuts. Wenn Petrus, ein Jude, gewillt gewesen war, wie ein Heide zu leben, warum versuchte er nun, die Heiden zu zwingen, wie Juden zu leben?

Dieser Unterschied zwischen zwei Aposteln verunsichert die Frommen weiterhin viele Jahre lang. Noch im 4. Jahrhundert führte er zu einer scharfen Auseinandersetzung zwischen dem heiligen Hieronymus, der der Ansicht war, die ganze Geschichte sei von Petrus und Paulus künstlich herbeigeführt worden, um allen Menschen die Stellung des heiligen Paulus klarzumachen, und Augustinus, der eine so trügerische Hypothese mit Leichtigkeit zerstörte. Lukas, der 15 Jahre nach dem Streit schrieb, als die einst brennende Frage völlig abgekühlt war, läßt die Episode ganz aus. Sie war nicht mehr erheblich.

Die außerordentliche Bedeutung der Konferenz wird von Bornkamm bewundernswert zusammengefaßt.

„Das theologisch, kirchen- und weltgeschichtlich gleichermaßen bedeutsame Ergebnis des Apostelkonvents besagt: die Einheit der Kirche war nicht zerbrochen. Die Gefahr, daß die Urgemeinde sich zur jüdischen Sekte verkrustete und das hellenistische Christentum sich in einen Haufen geschichtsloser Mysterienvereine auflöste, war in Jerusalem abgewehrt" (S. 63).

Daß sowohl Paulus wie Lukas die überragende Bedeutung des Jerusalemer Konzils erkannt haben, geht deutlich aus der Art hervor, in der jeder darüber berichtet hat. Es war ohne Zweifel das wichtigste Ereignis in der Geschichte der frühen Kirche. Paulus widmet ihm einen ungewöhnlich breiten Raum, als er an die Galater schreibt, und gebraucht eine sehr unverblümte Sprache, um seine Stellung zu beschreiben. Der Bericht des Lukas in der Apo-

Oben: Lukas, der allgemein als Verfasser des dritten Evangeliums und der Apostelgeschichte gilt. Fresko von Domenico Ghirlandaio im Palazzo Vecchio in Florenz. Der Stil der Lukastexte läßt vermuten, daß Griechisch seine Muttersprache war. Der „geliebte Arzt" (Kol 4,14) begleitete Paulus auf der zweiten Reise von Troja nach Philippi.

Nächste Seite links: Markus, der Verfasser des zweiten Evangeliums, ist der junge „Johannes mit dem Beinamen Markus" (Apg 15,37), der auf der ersten Missionsreise mit Paulus und Barnabas umkehrte und deshalb das Wohlwollen des Paulus verlor. Markus war der Neffe des Barnabas und begleitete seinen Onkel auf weiteren Reisen. Unser Bild zeigt den Mosaikkopf des Evangelisten aus dem Markusdom in Venedig.

Nächste Seite rechts: Der nächste Begleiter des Paulus war Silas. Vielleicht ist dieser Mann identisch mit „Silvanus, den ich als treuen Bruder kenne", dem Petrus seinen ersten Brief an die Christengemeinden diktierte (1 Petr 5,12). Mosaik aus dem Baptisterium des Markusdoms in Venedig.

stelgeschichte ist nicht nur bemerkenswert wegen seiner literarischen Künstlerschaft, sondern auch wegen seiner Stellung. Er nimmt, wie Bornkamm sagt, eine Schlüsselstellung genau in der Mitte des Buches ein, er bildet so etwas wie eine Wasserscheide. Bis zum Konzil hatte sich alles um Jerusalem und seine führenden Gestalten, Petrus besonders, gedreht. Danach verschwinden diese Gestalten, und der einzige Gegenstand der Erzählung ist das Werk des Paulus.

Man kann sich leicht vorstellen, wie herzerhebend,

ja belebend das Ergebnis des Konzils für Paulus gewesen sein muß. Zweifellos begann er an diesem Punkt, seine Mission als weltweit zu begreifen, nicht länger beschränkt auf sein Heimatland und die angrenzenden Gebiete. Aber natürlich waren diese asiatischen Gemeinden – wir können jetzt beginnen, sie Kirchen zu nennen – ihm besonders teuer, da sie seine Erstgeborenen in Christus waren. Woraus folgt, daß er begierig war, sie wieder zu besuchen.

Ende 49 oder Anfang 50 beschloß er deshalb eine neue Reise. Wieder schlug er Barnabas vor, sein Gefährte zu sein. „Wir wollen wieder hingehen und sehen, wie es den Brüdern in all den Städten geht, in denen wir das Wort des Herrn verkündet haben" (Apg 15,36f.). Barnabas stimmte zu, wollte aber seinen Neffen Johannes Markus mitnehmen. Paulus aber nahm Johannes noch übel, daß er sie während einer früheren Reise verlassen hatte, und weigerte sich, ihn mitzunehmen. Wenn er sie nun ein zweites Mal im Stich lassen würde? Die beiden Missionare waren darüber so stark verstimmt, „daß sie sich voneinander trennten".

So gingen sie getrennte Wege. Barnabas nahm Johannes Markus und Paulus den Silas mit. Silas war einer der beiden Abgesandten der Jerusalemer Kirche gewesen, die den Auftrag gehabt hatten, die Entscheidung des Konzils in Antiochia zu erklären. Barnabas ging zurück nach Zypern, wo sein Andenken in einer großen Kirche dicht bei Salamis verehrt wird. Wir hören nichts mehr von seiner Arbeit. Glücklicherweise wissen wir, daß Paulus sich mit ihm und Johannes Markus wieder versöhnte. Er erwähnt beide mit Liebe und drückt die Hoffnung aus, daß Markus wieder zu ihm stoßen wird.

Dieses Mal reisten Paulus und Silas über Land, und wieder ist Professor Lloyd unser Führer. Die beiden Missionare überquerten das Amanusgebirge, reisten durch Cilicien und kamen nach Tarsus. Überall, wohin sie kamen, „bestärkten sie die Kirchen". Von Tarsus aus ging ihr Weg nordwärts über den berühmten, als Cilicische Pforte bekannten Paß. An seiner engsten Stelle hatten die Römer ein richtiges Tor erbaut mit einer Wache, um es zu öffnen und zu schließen. Lange vorher hatte Xenophon berichtet, daß sie „von heruntergefallenen Steinen" befreit werden müsse, bevor ein Heer sie passieren könnte. Weit darüber auf einer Klippe steht eine mittelalterliche Burg, die noch heute der Familie Gülek gehört, die dem Paß seinen türkischen Namen gegeben hat.

Paulus war nun etwa 1000 Meter gestiegen, seitdem er Tarsus verlassen hatte. Er und Silas kletterten vom Tor aus auf die Hochebene, wo man verhältnismäßig leicht reisen konnte, um Derbe, Lystra und Ikonium zu erreichen. In jedem Ort erzählten sie den jungen Kirchen, denen Paulus so tief verbunden war, von den Beschlüssen des Jerusalemer

Konzils. Manch ein Gemüt muß durch die Nachrichten beruhigt, manches Herz aufgemuntert worden sein. Denn es konnte nun keinen Zweifel mehr geben: sie waren rechtmäßige Christen, nicht Bekehrte des Judentums, nicht arme Verwandte der Judenheit.

Paulus und Silas wandten sich nun nordwärts in der Absicht, in Bithynien zu predigen, das heißt in dem Gebiet Kleinasiens unmittelbar östlich des Bosporus. Es ist in der Geschichte vor allem berühmt als Heimat des Antinous, des tragischen Günstlings Kaiser Hadrians, und des großen, griechisch schreibenden römischen Historikers Dio Cassius. Aber etwas hinderte sie: der Heilige Geist, der Asien bereits zum verbotenen Gebiet für sie bestimmt hatte, untersagte es ihnen.

Wie gern würden wir wissen, was an diesem Punkt wirklich in Paulus vor sich ging. Hatte er bereits entschieden, daß sein Ziel der Westen, Griechenland oder selbst Rom sein mußte? Das ist die wahrscheinlichste Erklärung. Schließlich war der Sauerteig in Galatien eingesetzt worden. Sollte sich das Evangelium nicht von da her verbreiten, sollten nicht seine eigenen Kirchen missionarisch sein? Seine Pflicht war es gewiß, Vertrauen in seine Kinder in Christus zu setzen und in Gebiete vorzustoßen, die IHN bisher noch nicht kannten. Die beiden Gefährten gingen nun über Doryläum, das heutige Eskisehir, weiter. Sie zogen nördlich an Mysien vorbei, kamen hinunter an das Ägäische Meer bei Alexandria Troas, genau unterhalb des alten Troja, und standen auf der von Geistern heimgesuchten Halbinsel, von der aus über die Dardanellen hinweg der Pilger die leuchtenden Denkmäler eines späteren, gleich tragischen Zusammenstoßes erblickt.

Und eben hier in Troas hatte Paulus die Vision, die nicht nur sein eigenes Schicksal, sondern das ganz Europas bestimmen sollte: „Da hatte Paulus in der Nacht ein Gesicht: Ein Mazedonier stand vor ihm, bat ihn und sagte: ‚Komm herüber nach Mazedonien und hilf uns!'" (Apg 16,9). Von hier ab begegnen wir dem berühmten „wir" in der Apostelgeschichte, das den Autor des Buches identifiziert. War Lukas auch der „Mazedonier" der Vision? Er war sicherlich dort in Troas. Die Gesellschaft bestand nun aus Paulus, Silas, Lukas und dem jungen Timotheus, den Paulus aus Lystra mitgebracht hatte. Sie segelten nach Nordwesten, zwischen Imbros und Kap Helles und kamen so nach Samothrake.

Die Insel war schon lange berühmt. Mindestens seit dem Trojanischen Krieg, denn vom höchsten Gipfel von Samothrake aus, 1800 Meter über dem Meer, hatte Poseidon den Kampf beobachtet. Sie war Mittelpunkt der Verehrung, an dem sich Pilger mit reichen Opfergaben aus der ganzen hellenistischen Welt versammelten. Sie müssen sehr leidenschaftlich und entschlossen gewesen sein, denn Plinius bemerkt, daß Samothrake die „hafenloseste" von allen Inseln gewesen ist. Sie ist es immer noch, und Besucher haben Glück, wenn sie landen können. Das Aussehen der Insel ist europäisch, grün und bewaldet. Sie besaß alle Annehmlichkeiten einer griechischen *polis,* einschließlich eines Theaters, über dem auf marmornem Schiffsbug die berühmte geflügelte Nike stand, die sich jetzt im Louvre befindet. Paulus muß in der Tat gespürt haben, daß er eine neue Welt betreten hatte. Die Gesellschaft machte nur kurze Rast auf Samothrake und fuhr „am nächsten Tag" zum Festland. Sie landete in Neapolis, heute Kavalla.

Unten: Ruinen in Troja, nicht der Stadt der Ilias, sondern der weit späteren hellenistisch-römischen Stadt. In dieser Gegend, der Troas, trafen Lukas und Timotheus mit Paulus und Silas zusammen und segelten gemeinsam nach Samothrake.

Unten rechts: Die moderne griechische Hafenstadt Kavalla hieß im Altertum Neapolis. Hier betrat Paulus zum erstenmal den Boden Europas. Eine der großen Römerstraßen nach Osten, die Via Egnatia, endete in Neapolis. Der Hafen liegt zwischen zwei Hügeln, deren Tal von einem römischen Aquädukt überspannt wird.

Neapolis war der Endpunkt der großen Via Egnatia, die das Adriatische mit dem Ägäischen Meer verband. Sie war eine Lebensader im römischen Staat. Jenseits der Adria lag die Via Appia, die nach Rom führte. Generale, Kaufleute, Prokonsuln, alle benutzten diese große Straße. Es war daher nur angemessen, daß auch das Evangelium durch dieselbe Pforte nach Europa eindringen sollte.
Neapolis bietet heute einen für Griechenland einzigartigen Anblick. Die Stadt ist auf zwei Hügeln rund um den modernen Hafen gebaut. Die Senke zwischen den beiden Hügeln wird von den Bögen eines römischen Aquädukts überspannt; auf dem östlichen Hügel aber steht, sich abhebend gegen den blauen Himmel, die große Statue eines moslemischen Monarchen, und in der Nähe liegt dessen Palast. Es war Muhammad Ali, der Gründer der Dynastie, die im 19. und frühen 20. Jahrhundert über Ägypten herrschte. Kavalla war sein Geburtsort, und in den Tagen, da es in Ägypten eine große und blühende griechische Kolonie gab, erlaubte die griechische Regierung klugerweise dem ägyptischen Königshaus, die Geburtsstätte seines Gründers zu erneuern und zu verehren. Der alte Name der Stadt lebt weiter in dem Titel des Diözesanbischofs, der Metropolit von Philippi und Neapolis heißt.
Philippi war das Ziel der apostolischen Wanderer. Wir können heute ihren Weg über die acht Meilen hin verfolgen, die den Hafen von der Hauptstadt (des Gebiets, nicht der ganzen Provinz Mazedonien – das war Thessalonich) trennen. Philippi verdankt seinen Namen Philipp II. von Mazedonien, dem Vater Alexanders des Großen, dessen Mutter Olympias er auf Samothrake getroffen hatte. Philipp war auf das Gold erpicht, das in früheren Zeiten von benachbarten Flüssen hinuntergeschwemmt wurde. Der alte Name der Stadt war Krenides (Quellen); aber Philipp befestigte sie und gab ihr seinen Namen. Als die Römer kamen, gewann Philippi neue Bedeutung durch seine Lage an der Via Egnatia. Hier auch schlugen im Jahr 42 v. Chr. der spätere Augustus zusammen mit Antonius, den er elf Jahre später ausschalten sollte, Brutus und Cassius, die letzten der Republikaner. Aus Dankbarkeit machte Augustus aus Philippi eine „Kolonie", das heißt ein wenig Rom wie Rom selbst, mit bevorrechtigter Bürgerschaft und Freiheit von fiskalischen Abgaben, ähnlich wie in Tarsus. Philippi also ist doppelt ausgezeichnet als Pflanzbeet des Römi-

schen Reichs wie der christlichen Kirche in Europa. Heute zeugt es in großem Maß von beidem. Die ausgegrabenen Reste der alten Stadt umfassen nicht nur ein schönes Theater und ein prächtiges Forum, sondern auch die Grundmauern von drei großen Basiliken.

Die jüdische Gemeinde in Philippi war klein, so klein, daß sie keine Synagoge besaß. Sie traf sich daher zum Sabbatgottesdienst in einer kleinen Gebetsstätte im Freien am Ufer eines Flusses. Denn Wasser war für die vom Gesetz vorgeschriebenen rituellen Waschungen notwendig (vgl. Joh 2,6 – Hochzeit zu Kana). Auch Paulus und seine Gefährten gingen dorthin und fingen an, mit den Frauen zu sprechen – wir sind jetzt im Westen, und die Frauen sind nicht abgetrennt oder verschleiert, wie sie es im Osten zu sein pflegten. Eine von ihnen war eine Geschäftsfrau aus Thyatira, namens Lydia, da Thyatira an der Grenze zwischen Lydien und Mysien lag (Apg 16,14). Sie handelte in Purpurwaren, dem Haupthandel der Stadt. Dieser war von Mazedoniern begründet worden, was erklärt, daß Lydia nicht zu Hause war und in Mazedonien Handel trieb. Sie war eine fromme Seele und neigte zum Monotheismus. Die Predigt des Paulus überzeugte sie, daß seine Botschaft richtig war.

Lukas war noch bei den andern. Er berichtet, daß eines Tages, als sie zum Gebet gingen, sie eine Magd trafen, die einen Wahrsagegeist hatte – oder was dafür gehalten wurde. Sie wurde von ihrer Herrschaft ausgebeutet, die sich durch sie ein gutes Leben machte. Das war genau ein Fall, der Lukas, den Arzt, interessieren mußte. Augenscheinlich fühlte sich die Magd von Paulus und seinen Gefährten stark angezogen und pflegte ihnen zu folgen. Dabei rief sie alle auf, sie als Diener Gottes anzuerkennen.

Paulus entschied, wahrscheinlich nach Beratung mit Lukas, daß sie eine Betrogene war und daß es seine Pflicht sei, dem Betrug ein Ende zu bereiten und sie von ihrem psychopathischen Alp zu befreien. Er tat es, indem er ihr den wahren Glauben einflößte, der die betrügerischen Halluzinationen, die von ihrer Herrschaft so sorgfältig genährt worden waren, austrieb. Sie hörte auf wahrzusagen. Ihre Herren waren wütend. Wie sollten sie weiterleben? Sie ergriffen Paulus und Silas und schleppten sie auf den Marktplatz. „Diese Menschen bringen unsere Stadt in Aufregung", sagten sie. „Sie sind Juden und verkünden Bräuche, die wir als Römer nicht annehmen und nicht befolgen dürfen" (Apg 16,20f.). Das war schlau ausgedacht; die Andeutungen waren weitreichend und wandten sich unmittelbar an die Engherzigen und Bigotten. Der Mob war ganz versessen auf eine kleine Judenhatz. Die örtlichen Behörden (da die Stadt „frei" war, hatte sie ihren eigenen kleinen Senat) befahlen sofort, Paulus und Silas gefangenzunehmen. Lukas war nicht mehr da, er hatte Philippi vorübergehend wegen persönlicher Angelegenheiten verlassen.

Paulus und Silas wurden verhört, wie man heute sagen würde, das heißt, sie wurden gegeißelt und in die „Sicherheitsabteilung" des Gefängnisses geworfen. Um Mitternacht riefen sie zu einer kleinen Gebetsversammlung auf und sangen einige fromme Lieder. Die andern Gefangenen hörten ihnen zu. Plötzlich gab es ein Erdbeben. Die Türen sprangen auf, und die Fesseln fielen von ihnen ab. Der arme Hauptwärter, der einen Gefängnisausbruch befürchtete, wollte sich selbst töten. Paulus nahm wie so oft das Heft in die Hand. „Tu dir kein Leid an!" rief er laut, „denn wir sind noch alle hier." Der arme Mann schrie nach Licht, stürzte hinein und kniete vor Paulus und Silas nieder. Mit ihrer Rettung muß es tatsächlich eine besondere Bewandtnis gehabt haben. Paulus erklärt, was es war. Der Wärter wurde mit seiner Familie getauft. Er gab seinen Gefangenen zu essen und wusch ihnen die Wunden.

Sobald es Tag war, machte der bekehrte Wächter sich zu den Behörden auf. Nach kurzer Überlegung schickten diese die Gerichtsdiener zum Wärter und befahlen ihm, die Gefangenen freizulassen. Aber Paulus sagte: „Ohne Untersuchung hat man uns, römische Bürger, öffentlich schlagen und in den Kerker werfen lassen, und jetzt will man uns heimlich fortschicken? O nein, sie sollen selbst kommen und uns hinausgeleiten." Als die Gerichtsdiener das den Obersten der Stadt meldeten, waren diese bestürzt. Römer? Sie führten Paulus und Silas aus dem Gefängnis und baten sie fortzugehen. Sie wollten keine Scherereien mit den Römern haben. Paulus und Silas gingen zu Lydias Haus zurück, um Lebewohl zu sagen, und reisten dann auf der Straße nach Thessalonich weiter.

Paulus hegte immer die glücklichsten und stolzesten Erinnerungen an diese erste christliche Kirche in Europa. Als er 15 Jahre später an sie schrieb, brauchte er Worte besonderer Herzlichkeit. „Gott ist mein Zeuge, wie ich mich nach euch allen sehne", und „Also, meine geliebten Brüder, nach denen ich mich sehne, meine Freude und meine Krone, so steht fest im Herrn, ihr Lieben."

Wieder hatte Paulus bewiesen, daß er Römer sein konnte, Diener Christi sein konnte, aber auch ein sehr menschlicher Mensch.

Vorige Seite: Thessalonich war seit Gründung im Jahre 315 v. Chr. eine blühende Stadt und ein wichtiger Hafen, in dem sich Menschen aller Nationen und Rassen trafen. Unser Bild zeigt die Reste des Triumphbogens des Galerius, des „Kaisers des Ostens" unter Diokletian. Zunächst verfolgte Galerius das Christentum, mußte aber nach seiner Niederlage in Italien und wegen des Widerstandes von Konstantinopel seine Politik ändern. Nach seinem Tod fanden die Christen endlich Anerkennung, und ihre Religion begann zur Staatsreligion zu werden.

Oben: Ruinen in Philippi. Die Stadt verdankt ihren Namen und ihre Bedeutung Philipp von Mazedonien, für den die Stadt als Sammelort für das Schwemmgold aus den umliegenden Flüssen wichtig war. In der Geschichte des Frühchristentums nimmt Philippi einen besonderen Platz ein, weil hier die erste Gemeinde in Europa gegründet wurde. Paulus' Brief an die Philipper zeigt die besondere Zuneigung des Apostels zu dieser Gemeinde.

Befreites Hellas

Nachdem die drei Kameraden Paulus, Silas und Timotheus Philippi verlassen hatten, gingen sie nach Amphipolis, der „Stadt zwischen den zwei Flüssen", so genannt, weil sie auf einer kleinen Halbinsel stand, die vom Strymon nahe seiner Mündung in den Tachinossee gebildet wird. Plinius sagt, daß es eine freie Stadt war, und später wurde sie unter Kaiser Diokletian die Hauptstadt des östlichen Mazedoniens. Sie erlangte aber nie die Bedeutung ihrer Nachbarstadt Philippi. Sie heißt immer noch Amphipolis. Ihr nächster Aufenthalt war in Apollonia, von wo aus sie auf wenige Meilen am Geburtsort des Aristoteles, Stagira, vorbeikamen und dann nach Thessalonich gelangten, damals wie heute einem großen Handels- und Knotenpunkt, denn auch diese Stadt lag zu beiden Seiten der großen Via Egnatia und war außerdem Griechenlands Tor zum Norden und ein geschäftiger Hafen.

Die Stadt Thessalonich war 315 v. Chr. von einem Feldherrn Alexanders des Großen, Cassander, gegründet worden. Er heiratete Alexanders Schwester und gab seiner Neugründung höflicherweise ihren Namen. Sie blühte weiter unter den Römern und war Sitz des Prokonsuls der Provinz. Sie hatte ihren eignen Stadtkonsul oder *Demos,* dessen Regierungsbeamte in den Tagen des Paulus fünf oder sechs *Politarchen* waren, wie Lukas sie auf Griechisch nennt, ein schlagender Beweis für seine Genauigkeit. Gelegentlich hat man geglaubt, daß Lukas das Wort einfach selbst geprägt habe, aber Inschriften haben nun bestätigt, daß die Beamten mit dem Titel genannt wurden, den Lukas ihnen gibt.

Die Bevölkerung von Thessalonich war eine Mischung vieler Rassen, die in Mazedonien lebten (daher bedeutet das französische Wort macédoine einen Obstsalat oder ein Gericht aus gemischten Gemüsen). Es gab damals wie heute eine große jüdische Gemeinde in der Stadt. Etwas weiter südlich landeinwärts lag Beroea (jetzt Veria), eine kleine abgelegene Stadt, wie Cicero sie nennt, am linken Ufer des Haliakmon (Vistritza). Wieder etwas südlicher erhebt sich der Olymp, der Sitz der Götter. Beroea war die erste Stadt, die nach der entscheidenden Schlacht von Pydna (168 v. Chr.) den siegreichen Römern ihre Pforten öffnete. In dieser ganzen Gegend lebten viele Juden, der heidnische Götterberg war nahe – Paulus hatte wahrlich viel einzusetzen in Thessalonich.

Wie es seine Gewohnheit war, fing Paulus in der Synagoge an, wo er an drei aufeinanderfolgenden Sabbaten mit den Juden disputierte und sie zu überzeugen versuchte, daß Jesus wirklich der ihnen versprochene Messias war. Er hatte geringen Erfolg. Er muß enttäuscht und erschöpft gewesen sein; denn wie wir aus seinen Briefen an die Thessalonicher erfahren (1 Thess 2,9 und 2 Thess 3,8), arbeitete er „Tag und Nacht, um nur keinem von euch zur Last zu fallen". Und das, nachdem er fast 100 Meilen von Philippi aus gewandert war. Seine guten Freunde aus dieser Stadt kamen ihm zu Hilfe und schickten ihm materielle Unterstützung in wenigstens zwei Fällen (Phil 4,16).

Es gab aber auch Ausgleich: eine große Zahl von Heiden und die nun übliche Schar von Frauen hingen dem neuen Glauben an. Das erboste die orthodoxen Juden, die eine Demonstration veranlaßten, die, wie oft bei solchen Ereignissen, aus Gesindel bestand und das Haus Jasons belagerte, wo die Missionare wohnten. Da sie diese nicht fanden, schleppten sie Jason und andere der Brüder vor die Politarchen und beschuldigten sie der Aufwiegelung. Das war die gefährlichste Anklage in einer römischen Provinz; sie war es vor allem gewesen, die Jesus von Nazareth ans Kreuz gebracht hatte, als man sagte: „Es gibt einen andern König, einen Jesus." Die Politarchen, die wahrscheinlich mit dieser

Die Agora, der Marktplatz, in Athen mit der Akropolis im Hintergrund. Hier predigte Paulus.

Art Auflauf in ihrer großen Vielvölkerstadt vertraut waren, verlangten lediglich Bürgschaft von Jason und seinen Gefährten.
Dennoch schickten die Brüder vernünftigerweise Paulus und Silas in der Nacht nach Beroea. Die Leute waren „edler gesinnt" als die in der großen Stadt und nahmen die Neuankömmlinge und ihre Botschaft freundlich auf. Es gab die üblichen Debatten in der Synagoge und Predigten an die Heiden draußen. Viele, Juden wie Heiden, nahmen den neuen Glauben an. Das wiederum brachte die Juden von Thessalonich erneut in Bewegung, die kleine Stadt war eben nicht „abgelegen" genug, um sicher zu sein. Die Juden kamen nach Beroea und brachten Unruhe. Es blieb nichts andres übrig: Paulus mußte gehen. Die Brüder brachten ihn zu der nicht weit entfernten Küste und an Bord eines Küstenschiffs, das nach Athen bestimmt war. Silas und Timotheus blieben, um sich um die Bekehrten zu kümmern.
Tradition und Überlegung lassen es als sicher erscheinen, daß das Schiff des Paulus weder in den Häfen von Phaleron, heute Pashalimani, noch von Turkolimani und auch nicht in dem prächtigen Hafen von Piräus anlegte, sondern in der Bucht festmachte, die zwischen dem heutigen nördlichen Athen und dem Flughafen liegt.
Das Athen, das Paulus erblickte, war äußerlich noch die „veilchenbekränzte" Stadt des Perikles. Plutarch, der etwa ein halbes Jahrhundert nach Paulus schrieb, beschreibt die Schöpfungen des Perikles so: „Sie wurden in kurzer Zeit geschaffen, um lange Zeit zu dauern. Jede von ihnen war in ihrer Schönheit hier und jetzt ein Altertum; aber selbst heute noch haben sie die Blüte und Frische des Neugeschaffenen. Es liegt eine ewige Blüte der Jugend auf ihnen, als sei ihnen der unvergängliche Atem eines zeitlosen Geistes eingehaucht worden. Ihre marmornen Säulen leuchteten in hellem Licht und bläulichem Schatten."
Vieles können wir noch erblicken – den Tempel der flügellosen Nike, die Propyläen, den Parthenon, das Erechtheion auf der einen Seite und das Theater des Dyonisos auf der andern und unten den Tempel des Hephaistos, fälschlich Theseion genannt. Paulus wird auch spätere Verschönerungen gesehen haben, die Stoas des Attalus und Eumenes, der Könige von Pergamon, das Choragische Denkmal, den Turm der Winde und das schöne römische Forum, die bis heute überlebt haben. Er wird auch viele der Bauten in der Agora gesehen haben, darunter die bunte Stoa, die verschwunden sind; während wir heute manche Gebäude sehen, wie Hadrians großes Olympieion, den Bogengang zu seiner neuen Stadt, das Stadion und das Konzerttheater von Herodes Attikus, die erst im 2. Jahrhundert n. Chr. gebaut wurden.
All diese Schätze rühren uns immer noch an. Sie sind herzerhebend, sie erfüllen uns mit einer Freude, die so tief geht, weil sie unschuldig ist, eine Freude, die um so ergreifender ist, als das Herz Athens heute unter einer Beton- und Steinwüste verborgen ist, welche die Flüsse Athens, die berühmten Ilissus und Eridanus, bedeckt – sie sind heute Kloaken – und viel von dem umliegenden Land von Sunion bis Eleusis.

Die Stoa des Königs Attalus II. von Pergamon (159–138 v. Chr.) in Athen wurde von amerikanischen Archäologen rekonstruiert (1953–1956). Die Anlage deckt sich in den Maßen und Einzelheiten, ja sogar im Marmor der Quadern, genau mit dem Bau, den Paulus gesehen hat. Allerdings paßte dieses Prunkgebäude zur Zeit des Paulus zur Anlage der ganzen Stadt, während es heute als Fremdkörper wirkt.

Paulus fühlte ganz anders. Für ihn waren diese Bauwerke nicht schöne Denkmäler, errichtet vom künstlerischen Genius des Menschen, sondern die Verkörperung der Bosheit, die Tempel falscher Götter, aus denen alles, was in seinen Augen böse war, hervorging. Gleich übel, wenn nicht noch schlimmer, waren die zahllosen Statuen und Altäre, die den Heiligen Weg säumten, der das Doppeltor und den Friedhof unmittelbar davor im Töpferviertel (*Kerameikos,* woher unser „Keramik“ stammt) mit der Akropolis verbindet. Diese steile Straße hinauf nahm alle vier Jahre die panathenäische Prozession ihren Weg, um die jungfräuliche Göttin Athene, die Beschützerin der Stadt, zu verehren. Ihre Statue aus Gold und Elfenbein, Meisterwerk des Pheidias, grüßte ihre Anbeter – Bürger, Eingebürgerte, Beamte, Priester, Musiker, opfertragende Jungfrauen, Opfertiere und junge Männer, die den Zug begleiteten. Eben diese Prozession zeigt der berühmte Relieffries am Parthenon.

Es muß uns mit Bestürzung erfüllen, daß jemand solche „attischen Formen“ anders als den Gipfel reiner, unbefleckter Schönheit ansehen konnte. Aber es ist wesentlich für unser Verständnis der paulinischen Mission in Athen und ihres relativen Fehlschlags, die Grundtatsache zu erfassen, daß für Paulus diese ganze Schau eine gotteslästerliche Verletzung des Gesetzes Gottes darstellte.

Die Erzählung in Apg 17 deutet an, daß Paulus sich nach dem Verlassen Beroeas nicht wohl fühlte; die Freunde, die ihn zur Küste brachten, hatten ihn den ganzen Weg bis nach Athen begleitet. Er fühlte sich einsam, er bat sie, ihm Silas und Timotheus sobald wie möglich zu schicken. Inzwischen tat er, was er

immer zu tun pflegte, er besuchte die Synagoge und überbrachte seine Botschaft. Da er aber in Athen war, tat er auch, was die Athener taten. Diese äußere Anpassung war einer seiner Grundsätze, vorausgesetzt, daß er nicht mit andern Grundsätzen in Konflikt stand. So finden wir Paulus in der Agora.

Athen war eine unordentliche Stadt. Ganz anders als Piräus, das Perikles nach dem Plan eines der berühmtesten Städtebauer der Zeit, Hippodamus von Milet, völlig umgebaut hatte. Dieser Genius aus der Stadt der Genien war ein Meister der Städteplanung nach dem Gittermuster. Alexander der Große kam durch eine nach dem Plan des Hippodamus angelegte Stadt, Priene, nicht weit von Milet. Ihm gefiel das Muster so gut, daß er es für sein eignes Alexandria übernahm. Nachdem das Schachbrettmuster lange geruht hatte, kam es im 16. Jahrhundert in Puebla de los Angeles in Mexiko wieder zum Leben, von wo aus es nach Europa zurückkehrte, um uns seine schönste moderne Verkörperung, Valetta auf Malta, zu geben. Es gab uns auch im Lauf der Zeit New York. Aber Athen gab es uns nie. Die Stadt war zur Zeit des Perikles zu überhäuft mit Heiligtümern und heiligen Bezirken.

So pflegten die Leute ihre Zeit in der Agora zu verbringen, die selbst ein heiliger Bezirk war mit Grenzsteinen, von denen es heute noch einige gibt. Und was dort vorging: Nun, abgesehen davon, daß sie die weltlichen Behörden des Staats beherbergte, war sie der Handelsmittelpunkt Athens. Wie der alte Komödiendichter Euboulus gesagt hat: „Man kann alles in Athen am selben Platz kaufen: Feigen, Zeugen für Vorladungen, Weintrauben, Rüben, Birnen, Äpfel, Zeugen, Rosen, Mispeln, Hafergrütze, Gesetze, Anklagen, Prozesse."

Während des 1. Jahrhunderts v. Chr. hatte Athen gemeinsam mit andern griechischen Städten unter großer Drangsal gelitten, von der es sich nur teilweise erholt hatte. 86 v. Chr. war es vom römischen Feldherrn Sulla eingenommen und geplündert worden mit einem erschreckenden Verlust an Menschenleben. 41 Jahre später schrieb ein Freund an Cicero: „Auf meinem Rückweg von Asien segelte ich von Ägina nach Megara. Hinter mir lag Ägina, vor mir Megara, Piräus rechts, Korinth links, alle einmal blühende Städte, jetzt vor meinen Augen kraftlos und in Ruinen liegend."

Zwar hatte sich die Stadt äußerlich in gewissem Maß

Raffaels Entwurf für seinen Wandteppich „Paulus predigt den Athenern" fängt zwar nicht die Stimmung und Atmosphäre Athens im 1. Jh. ein, aber es ist die Darstellung einer großen Szene durch einen großen Maler. Die Athener lauschten Paulus damals nur mit geringem Interesse, sie fanden ihn langweilig. In der griechischen Religion war kein Platz für einen strafenden Gott am Ende der Tage, und sie konnten mit Reue und „Jüngstem Gericht" nichts anfangen.

erholt, und Cäsar und Augustus hatten zum Bau des römischen Forums beigetragen, wofür die Athener Augustus und Rom selbst einen Rundtempel in der Akropolis errichtet hatten. Sein großer Minister, Marcus Vipsanius Agrippa, hatte ihnen eine Konzerthalle gegeben und war dafür mit einer Statue vor den Propyläen belohnt worden, deren Sockel noch steht. Aber der alte Geist war verschwunden. Tatsächlich war jetzt die Insel Rhodos der kulturelle Mittelpunkt von Hellas. Cicero, Cassius, Horaz, der Kaiser Tiberius selbst, alle hatten sie Philosophie und Redekunst auf Rhodos studiert. Die sogenannte Philosophie Athens war wenig mehr als kluges Geschwätz. Der heilige Lukas sagt, daß Bürger wie Besucher ihre ganze Zeit mit Klatsch verbrachten.

Wenn wir daher hören, daß epikureische und stoische Philosophen auf Paulus trafen, sind wir auf ihre hochmütige Haltung ihm gegenüber vorbereitet. Die beiden philosophischen Schulen waren vor langer Zeit in Athen entstanden. Sie waren seine berühmtesten geworden; wenn auch, wie wir gesehen haben, die griechische Philosophie nicht Athen, sondern Jonien entsprang, denn weder Epikur noch Zeno, der Begründer der Stoa, waren Athener von Geburt.

Epikur wurde 341 v. Chr. von griechischen Eltern auf Samos geboren, dicht vor der Küste von Jonien. Als er 21 Jahre alt war, wurden die athenischen Siedler durch einen der Feldherrn Alexanders von Samos vertrieben. Nachdem Epikur 15 Jahre lang Flüchtling gewesen war, kam er nach Athen, richtete sich und seine Schule in einem Garten in den Außenbezirken der Stadt ein und lebte dort in glücklicher Zurückgezogenheit bis zu seinem Tod im Jahr 270.

Seine Philosophie gründete sich auf der Atomtheorie des Demokrit, wonach Evolution ein rein natürlicher Prozeß ist, mit dem die Götter nichts zu tun haben. Götter mag es geben, aber sie kümmern sich überhaupt nicht um die Menschen; es folgt, daß jede Auffassung von Strafe Torheit ist. Es gibt auch jenseits des Grabs keinen Himmel. Epikurs Lehre war eine Philosophie der Flucht, Ruhe und Frieden waren das Ziel. Edle Naturen mochten in dieser Lehre einen Führer zu kontemplativem Leben finden, für die ungebildete Mehrheit aber förderte sie wohl die Genußsucht. Zwei große Dichter des Altertums waren Epikureer, Horaz, der freundlichste von allen, und Lukrez, dessen Epos *Über die Natur der Dinge* das größte seiner Art überhaupt ist. Es inspirierte Vergil und spiegelt sich in vielen Dichtungen neuerer Zeit wider.

Ganz anders war der Ursprung des Stoizismus. Sein Begründer Zeno war nicht Grieche, sondern Semit, der Sohn eines phönizischen Kaufmanns aus Kitium auf Cypern. Häßlich, schwächlich und dunkelhäutig, erhielt er den Spitznamen „der Ägypter". Er erreichte Athen 314 v. Chr., also neun Jahre vor Epikur als armer Schiffbrüchiger. In einem Athener Buchladen stieß er auf Xenophons *Erinnerungen an Sokrates;* er beschloß auf der Stelle, Philosophie zu studieren. Dreizehn Jahre lang saß er zu Füßen von Krates, dem führenden Philosophen der Zeit. 301 wurde er selbst Philosoph. Da er zu arm war, um eine Halle zu mieten, lehrte er in der berühmten „Bunten Vorhalle" oder Stoa, am nördlichen Ende der Agora, unmittelbar hinter der heutigen Stadtbahn. Seine Schüler wurden daher Stoiker genannt.

Wie schon erwähnt, war Zeno Semit, und das Kennzeichen aller semitischen Lehre von Jesaja bis Mohammed ist ein unbeugsamer Glaube an ewige Ordnung, verbunden mit Unduldsamkeit gegen das Unvollkommene, das als eine Art Sünde angesehen wird. In den Augen der Stoiker gibt es im Universum nichts Zufälliges, es wird durch ein unveränderliches Gesetz regiert, das zu verletzen böse ist. Das Gesetz des Universums muß auch das Gesetz unsrer eigenen Natur sein, und wir können uns nur selbst erkennen, indem wir uns dem göttlichen Zweck anpassen, dessen Dienst vollkommene Freiheit ist. Zu den größten Vertretern des Stoizismus im 1. Jahrhundert gehört Seneca, einer aus der Gruppe der Römer spanischer Geburt, die einen so tiefen Einfluß auf römisches Leben und römische Literatur in den ersten beiden Jahrhunderten unsrer Zeitrechnung hatten. Er schrieb: „Jeder von uns hat zwei Vaterländer, eins das Land, in dem wir zufällig geboren worden sind, das andre ein Reich, in dem die Sonne niemals untergeht." Die Epikureer leugneten die Vorsehung, für die Stoiker war sie die Herrscherin der Welt.

Daß Paulus den Stoizismus kannte, haben wir schon gesehen. Er war vertraut mit seiner Terminologie, wenn nicht mit seiner Lehre. Er konnte ein stoisches Gedicht zitieren, wie wir in Kürze sehen werden. Das stoische Echo in seinen Briefen hat früh zu der Vermutung geführt, er habe sogar mit Seneca korrespondiert. Als Paulus daher die Vertreter der beiden rivalisierenden Philosophien traf, ist es verständlich, daß er mehr Sympathie für die Stoiker als für die Epikureer haben würde; aber die wirkliche Schwierigkeit war, daß er im Grunde für beide keine echte Sympathie hatte. Für Paulus waren die Bilder in der Halle genauso ein Greuel, eine Verletzung des zweiten Gebots, wie die 20000 Statuen (Schätzung des Plinius) der Stadt.

Als daher Vertreter beider Überzeugungen, Epikureer und Stoiker, ihn aufforderten, seine neuartigen Gedanken zu erläutern, befand er sich in einer schwierigen Lage. Sie führten ihn auf den Hügel des

Der Philosoph Zeno, der in der Stoa lehrte und die stoische Philosophie begründete. Zeno war ein Semite aus Kitium auf Cypern, und es ist interessant, daß zwei seiner bedeutendsten Schüler und Nachfolger aus Tarsus, der Heimatstadt des Paulus, stammten. Zenos Grundlehre sagt, daß die Tugend das einzig Gute, moralische Schwäche aber das einzig Schlechte sei. Die Stoiker von Athen schenkten Paulus mehr Beachtung als die meisten anderen seiner Zuhörer: „Darüber wollen wir dich ein anderes Mal fragen“ (Apg 17,32).

Ares (des griechischen Gottes, der oft mit Mars gleichgesetzt wird) genau unterhalb der Akropolis. Er war ursprünglich Sitz der Furien gewesen und wurde später Verhandlungsort des obersten Athener Gerichts, des Areopags. (Heute erscheint der Name griechisch auf einer Messingplatte an dem Haus, das früher Wohnsitz Schliemanns, des Entdeckers Trojas, war und heute das Oberste Gericht beherbergt – ein typisches Beispiel für den griechischen Sinn für Kontinuität.) Das Gericht tagte nicht mehr dort auf dem Hügel – er wurde als Polizeiposten benutzt –, was einige Gelehrte zu der Auffassung geführt hat, Paulus sei vorgeladen worden, in dem Säulengang unten beim Tempel des Hephaistos, wo das Gericht nunmehr tagte, zu erscheinen. Aber darüber findet sich kein Hinweis in der Apostelgeschichte. Lukas, genau wie gewöhnlich, sagt, daß die Philosophen ihn mit sich nahmen und ihn zum Areopag führten. Das heißt, sie wollten einen ruhigen Ort für eine kleine Diskussion, abseits des Trubels der Agora. Auf dem Hügel, in den Felsen gehauen, waren zwei Sitze, einer für den Ankläger, der andre für den Verteidiger, mit einer halbkreisförmigen Tribüne für die Richter dazwischen. So richteten sich die beiden Gruppen auf der Richterbank ein und „So trat denn Paulus in die Mitte des Areopags“ (Apg 17,22).

Nachdem er sie beglückwünscht hatte, „sehr gottesfürchtig“ zu sein, wählt er als Thema einen Altar, den er gesehen hat, mit der Inschrift: „Dem unbekannten Gott“. Das sei der Gott, den ihnen zu erklären er gekommen sei. Er sei ein Gott, der nicht in Tempeln wohne, die von Menschenhänden gemacht sind (so wie die herrlichen Beispiele vor ihren Augen), noch brauche er Opfer (so wie die auf den unzähligen Altären Athens dargebrachten). Er gäbe allen Leben; und hier führt Paulus den Dichter Aretus an: „Denn in ihm leben wir, bewegen wir uns und sind wir. So haben ja auch einige von den Euren gesagt“ (die Zeile erscheint im wesentlichen gleich auch bei Kleanthes): „‚Wir sind von seinem Geschlecht.‘“

Das alles war den philosophischen Ohren noch ganz erträglich, aber es war nicht das, was Paulus sagen wollte. Er kam nun zu seinem Thema. Gott hat die menschlichen Schwächen eine Zeitlang übersehen, aber jetzt ruft er jeden auf, zu bereuen und bereit zu sein, vor den großen Richter zu treten. Das beunruhigte seine Zuhörer. Reue, um vor den großen Richter zu treten? Was sagte dieser Fremdling da? Die griechischen Ideen über Sünde und Reue waren verschwommen, gelinde gesagt. Das was am nächsten an Sünde herankam, war *amartia,* „Verfehlen des Ziels“, die beste Abhilfe dagegen war *metanoia,* „Gesinnungswandel“. Alles ganz logisch, aber wie weit entfernt von den christlich-jüdischen Ansichten über Sünde, Buße und Reue! Paulus gebrauchte die gängige Terminologie, um Vorstellungen auszudrücken, die keineswegs gängig waren. Er ging weiter. Der Richter sollte ein Mann sein, den Gott bestellt hatte und den er als Garantie seiner Autorität von den Toten erweckt hatte.

Das war zuviel für die Philosophen. Einige – die Epikureer – waren empört. Hatte nicht Epikur selbst gesagt: „Daher ist der Tod, der König der Schrecken, nichts für uns, denn solange wir leben, ist der Tod nicht gegenwärtig, und wenn der Tod da ist, sind wir nicht mehr.“ Sie spotteten einfach über Paulus, sie wollten nichts mehr hören. Auf der andern Seite waren jene – Stoiker zweifellos –, die in dem, was Paulus gesagt hatte, den Widerhall ihrer eigenen Lehre fanden.

Die Versammlung brach auf. Paulus reiste bald nach Korinth ab. Seine Arbeit in Athen war enttäuschend gewesen, aber nicht ganz unfruchtbar. Eine kleine Gruppe hatte sich bekehrt, darunter ein Mitglied des Areopags, namens Dionysus, und eine edle Dame, namens Damaris. Das war magere Ernte, aber Paulus erkannte, wie wir bald sehen werden, daß er es falsch angefaßt hatte und daß er seine Methoden ändern mußte, wenn er Apostel der Heiden werden wollte.

Die Wende in Korinth

Auf der kurzen Reise von Athen nach Korinth wird Paulus viel Stoff zum Nachdenken gehabt haben. Athen war ein Mißerfolg gewesen – der erste wirkliche Mißerfolg, den er in anderthalb Jahrzehnten fruchtbarer Arbeit erfahren hatte. Wie sehr das seinen Geist belastet haben muß, geht daraus hervor, daß er kaum etwas davon in seinen Briefen erwähnt. Die Ausnahme findet sich fast beiläufig in seinem ersten uns überlieferten Brief, dem an die Thessalonicher (1 Thess 3,1), von Korinth aus geschrieben. Er sagt nichts von dem, was er in Athen getan hat, nur, daß er allein war. Welch ein Gegensatz zu dem fast barocken Überschwang der berühmten Erzählung des Lukas, ein so vollkommener Gegensatz, daß Bornkamm schreiben konnte: „Erst mit Korinth betreten wir wieder festen geschichtlichen Boden" (S. 85). Und so beschreibt Paulus selbst seine Ankunft in einem von mehreren Briefen, die er später von Ephesus aus an seine korinthischen Bekehrten richtet (1 Kor 2,1–4):
„Auch ich bin, als ich zu euch kam, Brüder, nicht gekommen, um euch mit überwältigender Beredsamkeit und Weisheit das Zeugnis Gottes zu verkünden. Ich hatte mir nämlich vorgenommen, unter euch nichts anderes zu kennen als Jesus Christus, und zwar den Gekreuzigten. Zudem bin ich in Schwachheit und Furcht und Zittern unter euch aufgetreten. Mein Wort und meine Verkündigung geschah nicht in gewinnenden Weisheitsworten, sondern im Erweis von Geist und Kraft." Wirklich eine bemerkenswerte Selbstanalyse. Aufruhr, Schläge, unberechtigte Einkerkerungen, all das konnte er als Berufsrisiken ertragen; hier aber hatte der Fehler in ihm selbst gelegen. Wie das Zitat zeigt, war er entschlossen, das zu ändern. Korinth war der ideale Ort dafür.
Korinth war in jeder Weise das völlige Gegenteil zu Athen, außer in der Majestät seiner Umgebung. Die griechische Stadt lag am Fuß des Akrokorinth, der 500 Meter hoch ist. Weit davon entfernt, von einem Tempel einer jungfräulichen Beschützerin gekrönt zu werden wie in Athen, beherbergte er ein Heiligtum der Aphrodite, in dem nach Strabo (VIII, 6,2) mehr als tausend geweihte Prostituierte ihrer Berufung Folge leisteten. Unten lag die Stadt auf zwei Ebenen. Die obere war beherrscht von einem dorischen Tempel des Apollo, im 6. Jahrhundert v. Chr. erbaut; die untere beherbergte die Agora, das Stadion und den Rest der Stadt. Die Mauern erstreckten sich auf fünf Meilen oder sogar elf, wenn man die des Akrokorinth mitzählt.
Korinth erfreute sich zweier Vorzüge, die es einzigartig machten. Der erste war seine Lage am Isthmus. Der gesamte Straßenverkehr vom Norden zum Süden mußte es durchqueren. Darüber hinaus besaß es nicht nur einen Hafen, sondern deren zwei, die ihm Zugang zur Ägäis wie zur Adria gaben. Um die Gefahren einer Umseglung der Peloponnes zu vermeiden, pflegten die Kaufleute ihre Fracht am einen Ende des Isthmus auszuladen, sie über ihn wegzutragen und am andern Ende in ein andres Schiff einzuladen; oder sie zogen sogar ihre Schiffe auf Schlitten, die in Marmorschienen glitten, über Land. Reste des Marmorwegs finden sich noch am westlichen Ende. Der zweite Vorzug Korinths war und ist eine in Griechenland seltene reiche Wasserversorgung. So ausgestattet, wurde Korinth sehr früh ein berühmter Markt und Stapelplatz. Es errichtete Kolonien im westlichen Mittelmeer, darunter selbst Syrakus. Korinthische Töpferei war seit frühen Zeiten ein Hauptexportartikel. Ihre Verzierungen waren von Themen beeinflußt, die auf Textilien aus dem Osten importiert worden waren.
Korinth war auch berühmt wegen seiner Bronzen und wegen der dritten Gattung griechischer Architektur, nämlich der korinthischen, mit ihren reichen

Das mächtige Korinth wurde im Jahre 146 v. Chr. durch den römischen Feldherrn Mummius vollständig zerstört. Die Reste, die man heute besichtigen kann, sind die des römischen Korinth des Julius Cäsar. Unser Bild zeigt die Reste einer Marmorstraße.

Blätterkapitellen, der Legende nach inspiriert durch eine Akanthuspflanze, die auf dem Grab eines Mädchens rund um die kreisförmige Schachtel mit Schmuckstücken, die seine treue Kinderfrau darauf gelegt hatte, wuchs.

Aber nicht die berühmte und wohlhabende Stadt begrüßte den ankommenden Paulus. Sie war vom römischen Feldherrn Mummius 146 v. Chr. während des dritten Punischen Krieges völlig zerstört worden, genau 50 Jahre, nachdem ein andrer Römer, Flamininus, bei den Spielen, die auf dem Isthmus abgehalten wurden, Freiheit für Hellas erklärt hatte. Nur der Tempel des Apollo wurde verschont, von dem noch fünf Säulen stehen, die zu den meist photographierten Säulen der Welt gehören. Die Stadt wurde dem Erdboden gleichgemacht, ihre Schätze geraubt. Viele von diesen wurden nach Rom verschifft. Die Einwohner wurden zerstreut und die Fertigkeiten von Jahrhunderten vergeudet. Hundert Jahre später, im Jahr 46 v. Chr., baute Julius Cäsar Korinth in großem Maßstab wieder auf. So kommt es, daß die prächtigen Ruinen, die wir heute erblicken, eine fast theatralische Fassung für eine lebenswichtige Episode im Leben des Paulus abgaben. (Die einzige bemerkenswerte Zugabe späterer Zeiten war die unvermeidliche Bereicherung durch Hadrians Freund Herodes Attikus. Es war ein Quellenhaus, um die berühmte Quelle der Pirene zu schützen).

Korinth war zur Zeit des Paulus die Hauptstadt von Achaia, das heißt des zentralen und südlichen Griechenlands, wie es Thessalonich für Nordgriechenland war. Man näherte sich der Stadt auf einer marmorgepflasterten Straße, die vom westlichen Hafen herkam, mit Kolonnaden auf beiden Seiten. Östlich des Tempels und zwischen ihm und der Straße lag eine schöne Basilika (Gerichtshof), das „königliche Haus", nach dem die Christen, sobald es ihnen erlaubt war, ihre ersten Kirchen bauten, anstatt sich, wie zur Zeit des Paulus, abwechselnd in den Häusern zu versammeln. Die Zufahrtsstraße endete in einem Tor, das Einlaß zur Agora gab. Mummius hatte die frühere Stadt so vollständig zerstört, daß die Agora einfach den Platz des Stadions besetzte, dessen Startlinie heute noch zu sehen ist, wie die in Olympia und Delphi.

Auf der Südseite der Agora ist die Stoa, die längste Kolonnade, die wir in Griechenland kennen. Sie beherbergte eine Reihe von Läden. Vom Boden eines jeden führte ein Schacht in einen unterirdischen Kanal, so daß verderbliche Güter wie in ein Kühlhaus in den kalten Luftstrom gelegt werden konnten.

In der Mitte der Südseite der Agora befindet sich das erhöhte Tribunal, die *Bema*, von dem aus der Prokonsul Gericht abzuhalten und Recht zu sprechen pflegte. Von all den Gebäuden in Korinth ist dies das am meisten mit Paulus persönlich verbundene, denn er selbst wurde aufgefordert, dort zu erscheinen. Außerhalb der Mauer im Norden lag das Theater, ein römischer Bau auf griechischen Fundamenten und römischer Grausamkeit angepaßt, das heißt den Gladiatorenkämpfen.

Die Anziehungskraft einer so großartigen und buntscheckigen Schöpfung ist leicht zu verstehen. Der Dichter Horaz bewunderte, was er den „Meereszwilling Korinth" nennt, so sehr, daß er ausrief: „Nicht jeder ist so glücklich, daß er den Weg nach Korinth findet", als sei es der Nabel irdischer Glückseligkeit. Nun, für einige war es das. Für Paulus war es eine Herausforderung.

Zu Beginn seiner Mission hatte er zwei erfreuliche Erlebnisse. Das erste war das Zusammentreffen mit einem jüdisch-christlichen Paar, namens Aquila und Priszilla. Aquila war in Pontus geboren, am Südufer des Schwarzen Meers, war aber nach Rom ausgewandert. Die beiden waren aus dieser Stadt

Der Philosoph Epikur war der Sohn athenischer Kolonisten auf der Insel Samos. Er lehrte seine Ansichten von der unabhängigen und unbewegten menschlichen Seele 36 Jahre in Athen. Seine Schüler müssen die Lehre des Paulus voll Ungeduld vernommen haben. Epikur lehrte zu einer Zeit, in der man schon an den alten Tugenden der Treue zu Staat und Religion zweifelte. Auch seine eigene Philosophie war zumeist negativ und wurde für viele Menschen zur Entschuldigung für eine Flucht aus jeder Verantwortung.

ausgewiesen worden, als im Jahr 49 der Kaiser Claudius einen Befehl erlassen hatte, daß alle Juden die Stadt verlassen mußten. Solch eine Vertreibung war nichts Neues. Bei verschiedenen Gelegenheiten, einige noch zu Zeiten der Republik, hatte die römische Regierung Ausweisungsbefehle gegen Ausländer oder Gruppen von Ausländern erlassen, die durch Streit, meist aus religiösen Gründen, eine Bedrohung der öffentlichen Ordnung darstellten. Bei dieser Gelegenheit, so scheint es nach einer Bemerkung in „Leben des Claudius" von Sueton, waren es Streitigkeiten zwischen orthodoxen Juden, die schon lange in Rom lebten, und christlichen Bekehrten, welche die Unruhe verursacht hatten. Aquila und seine Frau hatten Hoffnung, nach Rom zurückzukehren, wie sie es später taten (Röm 16,3). Aber ihr Aufenthalt in Korinth war für Paulus von doppeltem Vorteil. Erstens konnten sie ihm von der in der Hauptstadt bereits errichteten Kirche berichten, weshalb er auch schon an sie schreiben konnte, bevor er dort hinkam. Zweitens waren durch einen glücklichen Zufall Aquila und Priszilla wie Paulus Zeltmacher. Sie nahmen Paulus in ihr Haus auf, und er konnte mit ihnen arbeiten.

Der zweite Trost war die so ängstlich erwartete Ankunft von Silas und Timotheus. Sie brachten wundervolle Nachrichten von der Beständigkeit und dem Wachstum der Kirche in Thessalonich mit. Sie brachten auch materielle Hilfe. Das war für Paulus eine echte Unterstützung, denn nun brauchte er seine Tage nicht mehr am Webstuhl zu verbringen und hatte nicht mehr nur die Abende und den Sabbat frei für seine geistliche Mission.

Die Nachrichten aus Thessalonich waren so erfreulich, daß Paulus beschloß, an seine Herde dort zu schreiben. So entstand etwa im Jahr 50 das erste überkommene christliche Dokument, der Erste Thessalonicherbrief. Das mag für jeden überraschend sein, der nur mit dem Text des Neuen Testaments vertraut ist, weil die Evangelien an erster Stelle stehen, aber keins von ihnen wurde früher als in den letzten Jahren des Apostels geschrieben. Die Mehrheit der Paulusbriefe, wenn nicht alle, gehen den Evangelien voran.

Wir nennen sie Briefe, aber sie sind mehr als das und waren auch als mehr von Paulus beabsichtigt. Sie gleichen etwa „Erlassen" der Kaiser. Auch diese wurden in der Form von Briefen geschrieben, wie z.B. die Trajans an seinen Freund, den jüngeren Plinius, aber sie waren tatsächlich Anweisungen, sehr oft als Antwort auf Anfragen – wie wieder der Trajan-Plinius-Vergleich zeigt –, über Fragen des Verhaltens, des Glaubens und seiner Ausübung, so daß wir sie mit großem Interesse und Nutzen lesen

Korinth liegt an der Südseite des Isthmus, der so oft in klassischen Sagen und in der Geschichte eine Rolle spielt. Unser Bild zeigt den Blick nach Süden zur Peloponnes von dem Burgberg Akrokorinth aus.

können. Da das ihre Natur war, waren sie als Rundschreiben angelegt, weshalb sie auf uns gekommen sind. Sie wurden nicht einfach gelesen und dann weggeworfen. Dieser wie alle andern vorhandenen Paulusbriefe ist nach eben solchem Plan gestaltet. Zuerst sagt Paulus, wie froh und dankbar er ist für die Beständigkeit der Thessalonicher Kirche. Er hätte sie gern selbst besucht, aber da er seine gegenwärtige Arbeit nicht im Stich lassen konnte, hatte er eine Nachfrage gesandt, und nun hatte Timotheus ihm diesen wunderbaren Bericht gebracht. Dann kommt eine ernste Mahnung. Sie sollen bescheiden leben und Unzucht (damals ein normaler heidnischer Zeitvertreib) und Betrug und Trägheit meiden. Sie sollen sich um ihre eigenen Angelegenheiten kümmern und hart arbeiten. Es sei falsch, sich zur Ruhe zu setzen, nichts zu tun und von den reicheren Brüdern zu leben und auf die zweite Ankunft zu warten. Er brauche sie nicht daran zu erinnern, daß der Tag des Herrn wie ein Dieb in der Nacht kommen wird, keiner von uns weiß wann. Die Schlußworte „Die Gnade unseres Herrn Jesus Christus sei mit euch!" wurden wahrscheinlich von Paulus mit eigner Hand hinzugefügt. Der Brief selbst wurde von einem Sekretär geschrieben.

Das Schreiben solcher „Briefe" kostete viel Zeit. Der Brief wurde von einem Schreiber geschrieben, der unbequem auf dem Boden hockte, mit einer Feder aus Ried oder einem Federkiel auf Papyrusblättern. Ricciotti, der dem Gegenstand eine besondere Untersuchung gewidmet hat, berechnet (auf der Grundlage ähnlicher, aus dem Sand Ägyptens geretteter Briefe), daß die 1472 Wörter des Originaltextes zehn Blätter Papyrus erfordert haben und daß es zwanzig Stunden gedauert haben muß, sie zu schreiben.

Die Tatsache, daß alte Briefe soviel Zeit zum Abfassen brauchten, erklärt, warum wir in den Paulusbriefen so oft augenscheinlich plötzliche Sprünge, Stilunterschiede und Wiederholungen finden. Man braucht nicht von „Einschiebungen" zu sprechen, es war einfach die Art, wie sie zusammengesetzt

Der große Tempel des Apoll zu Korinth war schon zur Zeit des Paulus eine Ruine, die an die Glanzzeiten der Stadt als Handelsmetropole mit Kolonien im ganzen Mittelmeergebiet erinnerte. Im Vordergrund unseres Bildes ist ein Teil der Stoa zu sehen. Hier wurde Paulus vor den römischen Statthalter Gallio geführt, der von der Bema, einer erhöhten Plattform, Gericht hielt.

wurden. Die Blätter wurden am Rand aneinandergeklebt und bildeten so eine Rolle. Das Äußere trug die Anschrift und wurde versiegelt. Wenn die Rolle zu dick war, wurde sie in eine Hülle gesteckt. Bücher, wie wir sie verstehen, mit Seiten, die man umblättert, waren damals nicht der Brauch. Bis vor kurzem hat man geglaubt, daß es sie vor dem 3. Jahrhundert frühestens nicht gegeben habe; aber jetzt befindet sich in der Bodmer-Bibliothek in Genf ein prächtiges Exemplar des Johannesevangeliums, das der Mitte des 2. Jahrhunderts zugeschrieben werden muß.

Paulus schrieb das Griechische seiner Zeit, aber sein Stil ist der eines kultivierten Mannes, nicht der des Marktplatzes. Im modernen Griechisch besteht der gleiche Unterschied zwischen volkstümlichen und reinen Sprachformen, und er verursacht immer noch scharfe Gegensätze bei den Griechen.

In Korinth wiederholte sich das nunmehr schon vertraute Muster: Predigt in der Synagoge, Bekehrungen, Gegnerschaft, Hinwendungen zu den Heiden. In diesem Fall gab Paulus die Synagoge gänzlich auf und nahm Wohnung im Haus eines gewissen Justus, eines gottesfürchtigen Mannes, der dicht dabei wohnte. Ein hervorragender Bekehrter war Crispus, der Vorsteher der Synagoge. Er und seine Familie traten der kleinen Kirche bei, und sein Beispiel regte viele an, dasselbe zu tun. Paulus verbrachte 18 fruchtbare Monate in Korinth oder sogar etwas länger.

Während seines Aufenthalts dort wurde ein neuer Prokonsul ernannt, namens Lucius Junius Gallio, ein Bruder des Philosophen Seneca. So wie die Ankunft von Aquila und Priszilla uns ein Datum gibt, vor dem Paulus nicht in Korinth sein konnte, nämlich die Judenausweisung durch Claudius im Jahr 49, so auch das Erscheinen Gallios, weil es bekannt ist – es wäre vielleicht besser zu sagen, aus einer 1905 in Delphi gefundenen Inschrift erschlossen wird –, daß Gallio im Jahr 52 Prokonsul von Achaia war. Aber er mag sein Amt schon 51 gehabt haben. Bornkamm nimmt das an, Ricciotti gibt die Wahrscheinlichkeit zu. Wo aber die ganze Chronologie so dunkel ist, ist es wertvoll, ein Datum wenigstens innerhalb eines Jahrs festzulegen. Joseph Crehan hat darauf hingewiesen, daß die Grundschwierigkeit in der Bestimmung der Lebensdaten des Paulus von seinem Gebrauch der Wendung „vierzehn Jahre" im Galaterbrief 11,1 herrührt. Er gebraucht eine runde Zahl, die Juden zählten nämlich in Gruppen von sieben.

Kehren wir zur Erzählung zurück. Die Juden glaubten, sie könnten den neuen Statthalter überreden, gegen Paulus vorzugehen. Sie schleppten ihn vor die *Bema,* die man heute noch sehen kann, und beschuldigten ihn der Aufwieglung, ohne jedoch im einzelnen anzugeben wie – er „verführt die Leute, gegen das Gesetz Gott zu verehren" (Apg 18,13). Paulus wollte gerade antworten, als Gallio beiden Seiten das Wort abschnitt. Er scheint wie sein Bruder die Juden verachtet zu haben. Wenn es sich um ein Unrecht oder Verbrechen handelte, würde er eingreifen, aber da es eine Frage von Worten und Namen sei und des jüdischen Gesetzes, würde er nicht eingreifen; sie müßten die Sache unter sich austragen, und er befahl seinen Liktoren, die Menge zu zerstreuen. Die Griechen nahmen das als Stichwort, wandten sich gegen die Juden, ergriffen den neuen Synagogenvorsteher, namens Sosthenes, und verprügelten ihn. Gallio kümmerte sich nicht darum. Wir hören nichts mehr von ihm, aber wir wissen von Tacitus, daß er wie sein Bruder Seneca und Paulus selbst Nero, der 54 Kaiser wurde, zum Opfer fiel.

Paulus verlängerte seinen Aufenthalt noch „längere Zeit" nach diesem Vorfall, verließ dann die Stadt und ging nach dem östlichen Hafen Kenchreä, wo er sein Haupt schor, um ein Gelübde zu erfüllen. Worum es sich handelt, wissen wir nicht, aber wir erfahren von Josephus, daß diejenigen, die an einer Krankheit litten (wie es bei Paulus der Fall war), dreißig Tage vor dem Tag, an dem sie ein Opfer darbringen wollten, ein Gelübde ablegten, sich des Weins zu enthalten und sich das Haupt zu scheren. Paulus hatte die feste Absicht, zum jüdischen Pfingstfest oder dem Fest der ersten Früchte nach Jerusalem zu gehen, denn er war immer noch ein frommer Jude und beobachtete das jüdische Gesetz als zulässig, wenn auch nicht mehr verpflichtend.

Sein Schiff landete in Ephesus. Der Aufenthalt dort war kurz, schloß aber einen Sabbat ein, an dem Paulus die Synagoge zu besuchen pflegte, und seine Ausführungen erregten so viel Anteilnahme, daß die Juden ihn baten, länger zu bleiben. Aber Paulus erwiderte, daß er nach Jerusalem gehen müsse, um am Fest teilzunehmen und sein Gelübde zu erfüllen, er würde aber zurückkommen. Das Schiff, das er benutzte, scheint von einiger Bedeutung gewesen zu sein, da es die drei römischen Provinzhauptstädte Korinth, Ephesus und Cäsarea in Palästina, wo Paulus landete, verband. Er begrüßte die Brüder in Jerusalem und kehrte dann nach Antiochia zurück.

So endete die zweite paulinische Missionsreise, die er am Ende des Jahrs 49 begonnen hatte. Es war nun Frühjahr 53.

Was hatte Paulus erreicht? Es gibt zwei Maßstäbe, nach denen Erfolg oder Mißerfolg gemessen werden können. Der erste ist: Wuchsen seine jungen Kirchen, blieben sie als solche bestehen? Der zweite, der sich aus dem ersten ableitet, lautet: Haben sie sich vor den Schranken der Geschichte als

lebensfähig erweisen? Nach beiden kann man sagen, daß diese zweite Reise die fruchtbarste aller seiner Reisen gewesen ist.
Hinsichtlich des ersten Maßstabs sind wir in der glücklichen Lage, einige, wenn auch bei weitem nicht alle der Briefe zu besitzen, die er an seine „Kinder" schrieb. Der an die Thessalonicher wurde bereits erwähnt. Etwa im Jahr 56, als Paulus, wie wir noch sehen werden, in Ephesus lebte, hatte er Gelegenheit, wenigstens dreimal an die Korinther zu schreiben und sie noch einmal zu besuchen. Die Kirche dort war von unterschiedlichen Sorgen heimgesucht worden. Einige davon waren so kurzlebig, daß sie fast trivial erscheinen, aber, wie Bornkamm sagt, „man versteht gerade die Korintherbriefe darum nur, wenn man sich ständig die Situationen und Probleme vergegenwärtigt, in die sie hineinsprechen" (S. 87). Zum Beispiel: darf ein Christ Fleisch essen, das von einem heidnischen Opfer stammt und dann seinen Weg auf den Markt gefunden hat? Oder darf ein Christ nach einem Opfer mit heidnischen Freunden und Verwandten zusammen zu Tisch sitzen?
Die Sorgen waren verwickelter und verwirrter geworden durch eine Gruppe von „Spirituellen" oder Enthusiasten von eignen Gnaden, die glaubten, auf einer höheren Ebene zu stehen als die gewöhnlichen Christen und daher zu größerer Freiheit berechtigt zu sein, das heißt zu Zügellosigkeit. Paulus durchschaute diesen Dünkel. Die einzig wirkliche Weisheit ist die Weisheit der Liebe. Und so entspringt aus dieser längst vergessenen Kontroverse das im dreizehnten Kapitel des ersten Briefs enthaltene hohe Lied der Liebe, die schönste geistliche Lyrik, die je geäußert worden ist, Myriaden von Menschen bekannt, die von seinem Ursprung nichts wissen (1 Kor 13).
Die Dinge wandten sich in Korinth vom Bösen zum Schlechteren. Die Kirche wurde von sektiererischer Rivalität zerrissen. „Ich halte zu Paulus", „ich zu Apollos". Apollos war ein alexandrinischer Judenchrist, dessen Redegabe und Standhaftigkeit ihm ein Gefolge unter den korinthischen Brüdern gesichert hatten. Er war mit Paulus in Ephesus, als der 1. Korintherbrief geschrieben wurde. Paulus weist diese Spaltungstendenz zurück. „Ich habe gepflanzt, Apollos hat begossen, aber Gott hat es wachsen lassen" (3,6).
Aber die Spaltung dauerte an. Paulus beschloß,

Delphi, das älteste und ehrwürdigste Heiligtum der Griechen, lieferte einen Beitrag zu unserer Kenntnis des Frühchristentums. Hier wurde nämlich 1905 eine Inschrift gefunden, die Lucius Junius Gallio als Statthalter von Korinth nennt. Er war der Mann, der über Paulus richten sollte, das aber ablehnte, da es eine „Streitfrage über eine Lehre" sei (Apg 18,12–17). Unser Bild zeigt das Theater und den Apollo-Tempel in Delphi.

Oben: Zwei Ansichten des Kanals von Korinth, von dem schon der römische Kaiser Nero träumte. Die schmale Landenge von Korinth war im Altertum für die Schiffahrt ein erhebliches Hindernis. Die Kaufleute mußten ihre Waren, oft auch ihre Schiffe, über den Isthmus tragen. Deshalb wollte Nero einen Kanal bauen, doch blieb sein Versuch im Jahre 67 n. Chr. erfolglos, und weitere Versuche unterblieben bis ins 19. Jh. Der heutige Kanal wurde 1893 eröffnet.
Das rechte Bild zeigt den Durchblick nach Südosten in den Saronischen Golf. Das linke Bild gibt den Blick auf den Golf von Korinth.

Links unten: Dieses reichverzierte Haus, das im 2. Jh. n. Chr. von Herodes Attikus errichtet wurde, umschließt die Quelle der Pirene in Korinth. Diese Quelle zog die Menschen aus dem ganzen antiken Griechenland an. Man glaubte, sie sei entstanden, als das geflügelte Pferd Pegasus mit seinen Hufen aufstampfte.

selbst Korinth wieder aufzusuchen. Er war äußerst bestürzt über das, was er vorfand: die Kirche war in offener Empörung gegen ihn. Er ging nach Ephesus zurück und schrieb einen weiteren Brief an die Korinther. „Ich schrieb euch ja aus vielfacher Not und Herzensangst und unter vielen Tränen" (2 Kor 2,4). Titus wurde mit diesem Brief abgesandt, der zusammen mit dessen Überredungskraft die gewünschte Wirkung erzielte. Als Paulus Korinth zum dritten und letzten Mal besuchte, fand er die Kirche in Ruhe. Es war einer seiner größten Siege.
Schließlich besitzen wir seinen Brief an die Philipper, etwa zehn Jahre später von Rom aus geschrieben. Er ist die Perle der Briefe genannt worden. Paulus sollte, wie wir sehen werden, Philippi wieder besuchen, und hier sollte er die tröstlichen Nachrichten über Korinth erhalten. Er liebte die Kirche der Philipper in besonderem Maß. Sie vergaßen ihn nie, und er vergaß sie nicht. Sie waren die Seinen in der „Anteilnahme am Evangelium vom ersten Tag an bis jetzt" (1,5). Er erinnert sich ihrer rechtzeitigen Hilfe, als er sie in Thessalonich so dringend benötigte. Er schreibt aus dem Gefängnis, aber der Brief ist von Freude durchflutet.
Der hervorstechende Erfolg der Zweiten Paulusreise war, alles in allem, die Evangelisation Griechenlands, des Hellas, das dem menschlichen Geist in der Vergangenheit so viel gegeben hatte. Trotz aller Heimsuchungen, die die Zeit bringen sollte, das Licht des christlichen Glaubens sollte in Griechenland nie verlöschen. Es erhielt in der Tat den Geist Griechenlands lebendig. Und bis heute, da Latein nicht mehr die Universalsprache der westlichen Kirche ist, bleibt Griechisch die der Heiligen Orthodoxen Kirche, die weiterlebt als eines der größten Denkmäler für ihren einzigen Erzeuger: Paulus.

Artemis und Christus in Ephesus

Paulus war wieder „daheim“, nicht in Tarsus, seinem Geburtsort „dem Fleische nach“, sondern in Antiochia, dem Mittelpunkt seiner Missionen, der Hauptkirche der Heidenchristen, von wo das Licht über Teile von zwei Kontinenten ausgestrahlt war. Nur über Teile; Paulus mußte dafür sorgen, daß die kleinen Kerzen, die er angezündet hatte, ihre Strahlen weiter hinausschickten, daß die guten Taten, die die Gnade durch ihn bewirkt hatte, heller in der Welt schienen. Für ihn gab es keine Ruhe, keine satte Erinnerung. Er mußte sich wieder aufmachen. So begann, was man seine dritte Missionsreise nennt.

Sein unmittelbares Ziel waren die seiner Heimat nächstgelegenen Kirchen, die er auf seiner ersten Reise gegründet und bei der zweiten gestärkt hatte. Mit diesem Ziel brach er im Frühling des Jahrs 53 von Antiochia auf, das er nie wieder sehen sollte.

Lukas preßt uns in einem halben Vers durch das Gebiet – schließlich hatte er die Arbeit des Apostels dort schon zweimal beschrieben –, so daß wir nicht genau wissen, welchen Weg Paulus durch „der Reihe nach die Landschaft von Galatien und Phrygien“ (Apg. 18,23) nahm. Holzner gibt den folgenden scharfsinnigen Kommentar: „Da Lukas von der Gründung einer ganzen Reihe nordgalatischer Kirchen nichts weiß, so kann er unter jener ‚Reihe‘ wohl nur die uns schon bekannte der südgalatischen Kirchen, Derbe, Lystra, Ikonium, Antiochia, und ihrer Tochtergemeinden verstanden haben. Der Zweck dieser zweiten Durchquerung Kleinasiens war also wiederum nicht Neugründung von Kirchen ..., sondern Bestärkung der schon bestehenden auf dem kürzesten Weg zur jonischen Küste“ (S. 254f.).

Das hat Sinn, und zwar paulinischen: Paulus vergaß seine Kinder nie. Holzner fährt fort: „Wer für die nordgalatische Reiseroute des Apostels eintritt, muß annehmen, daß Paulus seine so gefährdeten südgalatischen Gemeinden links liegen ließ und in Gewaltmärschen über Kybistra (Eregli) oder Tyana, Cäsarea, Ankyra, Pessinus, Doryläum durch das von Lavamassen bedeckte sog. ‚Verbrannte Phrygien‘ auf der persischen Königsstraße nach Ephesus kam ... Das wäre ein Umweg von fast 600 Kilometer und von Tarsus bis Ephesus eine Gesamtleistung von rund 1700 Kilometer gewesen, das heißt von 68 Reisetagen, da man im Altertum bei den schlechten Wegeverhältnissen 25 Kilometer Tagesmarsch für den Fußwanderer, 37 Kilometer für die kaiserliche Post rechnete. Wozu das alles, nachdem es doch zu keiner Kirchengründung kam? ... Wenn wir ... die bloße Kilometerzahl seiner drei Reisen in Kleinasien allein zusammenrechnen, so kommen wir zu folgendem Ergebnis: Erste Reise, von Adalia bis Derbe und zurück, 1000 Kilometer; zweite Reise, von Tarsus nach Troas, 1400 Kilometer (bei einem Abstecher nach Ankyra sogar 526 Kilometer mehr ...); dritte Reise, von Tarsus nach Ephesus, 1150 Kilometer“ (S. 255f.). Diese Zahlen schließen nicht gelegentliche Ausflüge in Nachbarstädte ein. Die rein körperliche Leistung ist erstaunlich.

Paulus kehrte nun nach Ephesus zurück, und zwar zu einem Aufenthalt von mehreren Jahren. „Er näherte sich der Stadt von Norden“, sagt Professor Lloyd, „die schöne Straße, die von der Hochebene am Mäander entlang hinunterführt, dessen Quelle bei Apameia (heute Dinar) liegt und der zuerst durch Kolossä und dann durch Hieropolis fließt, das die Türken Pamukkale nennen. Vermutlich ein Grund, warum Paulus bisher in Ephesus nicht hatte

Nächste Seite, oben: Paulus begab sich im Frühjahr 53 von Antiochia auf seine 3. Missionsreise. Die Stadt, die er verließ, war damals ein großes und blühendes Gemeinwesen, von der heute nichts erhalten ist. Paulus wird auf einer Straße ähnlich der hier abgebildeten gereist sein.

Unten: Auf dieser marmorgepflasterten Straße wird Paulus in Ephesus eingezogen sein. Die Straße führte zum Hafen, der damals einer der größten der antiken Welt war. Denn Ephesus, zur Zeit des Paulus schon 1000 Jahre alt, war der Umschlagort für den Handel zwischen Ost und West.

predigen wollen, ist, daß der Apostel und Lieblingsjünger Johannes hier lebte und diese Provinz Asiens wohl als seine eigne Einflußsphäre betrachtete. Es wird von einigen auch angenommen, daß Johannes, als er um 47 von Jerusalem nach Ephesus kam, die Jungfrau Maria mit sich nahm, die seiner Obhut besonders anvertraut war. Ein Zeugnis für diese ‚Ephesus-Theorie' ist, daß im Jahr 431 das berühmte ökumenische Konzil von Ephesus in einem Gebäude mit dem Namen ‚Allerheiligste Kirche, die Maria heißt', abgehalten wurde. Man hat es als die ‚Doppelbasilika' identifiziert, deren Ruinen vor vielen Jahren von österreichischen Archäologen ausgegraben wurden.“ (In Wirklichkeit handelt es sich um zwei Kirchen verschiedenen Alters, die durch eine schöne kleine achteckige Taufkapelle miteinander verbunden sind). „Die andre für die ‚Ephesus-Theorie' bedeutsame Entdeckung war das kleine Gebäude auf den Hängen des Bergs Solemissos oberhalb von Ephesus, das man heute als ‚Haus der Seligen Jungfrau' kennt.“

Professor Lloyd zitiert dann aus Sir William Ramsays *Paulinischen Studien* „die außerordentliche (und völlig unwidersprochene) Geschichte, wie man dieses Haus gefunden hat“.

„In Kürze“, sagt Ramsay, „besagt die Geschichte, daß früh im vergangenen Jahrhundert eine ungebildete Frau in einem deutschen Kloster in einer Vision den Ort in den Bergen südlich von Ephesus sah, wo die Jungfrau Maria gelebt hatte, und ihn

Oben links: Statue der „Diana von Ephesus“. Die alte „hundertbrüstige“ Fruchtbarkeitsgöttin des östlichen Mittelmeerraumes wurde in vielerlei Gestalten und Riten verehrt und beschäftigte die Phantasie der Völker des Nahen Ostens, Ägyptens, Griechenlands und Roms. In Ephesus wurde sie auch Artemis genannt, aber sie hatte nichts mit der keuschen Jägerin der griechischen Mythologie zu tun.

Rechts: Ephesus war im Römischen Reich eine Stadt von großer Bedeutung, und die römischen Herrscher waren immer bereit, die Stadt zu ehren. Hadrian, der eine besondere Vorliebe für alles Griechische hatte, errichtete in Ephesus einen schönen Tempel, dessen Reste unser Bild zeigt. Vom großen Tempel der Artemis, einem der Weltwunder der Antike, ist nichts als ein großes Wasserloch geblieben.

Nächste Seite: Dürers Gemälde zeigt Johannes, den jungen Evangelisten, mit Petrus. Man glaubt, daß Johannes mit der Gottesmutter Maria, die seiner Sorge anvertraut war, viele Jahre in Ephesus gelebt hat. Ebenso gibt es Gründe, die dafür sprechen, daß Johannes nach seiner von Domitian befohlenen Verbannung auf die Insel Patmos im Alter nach Ephesus zurückkehrte, um das Evangelium niederzuschreiben.

unmittelbar nach der Vision im einzelnen beschrieb; daß ihre Vision in Deutschland gedruckt und veröffentlicht wurde; daß das Buch nach 50 Jahren 1890 in die Hände einiger römischer Katholiken in Smyrna geriet, unter denen die Glaubwürdigkeit der Vision heftig umstritten war; daß ein Priester in Smyrna, der an führender Stelle die Autorität der Vision bestritt, eine Reise in die Berge machte, um durch tatsächliche Erforschung zu be-

weisen, daß es ein solches Haus nicht gab; und daß er am dritten Tag ununterbrochener Suche in den felsigen Bergen am Mittwoch, dem 19. Juli 1891 (dem Fest der heiligen Martha), das Haus genau so fand, wie es in dem veröffentlichten Bericht über die Vision beschrieben war; und daß er nach Smyrna zurückkehrte, überzeugt von der Wahrheit, entgegen seinem früheren Urteil."

„Wenn man", fügt Professor Lloyd hinzu, „die Beschreibung der Nonne noch einmal liest, nachdem man diesen merkwürdigen kleinen Bau mit der heiligen Quelle angeschaut und den Blick auf Ephesus und das Caystertal von der Bergspitze darüber bewundert hat, kann man nur staunen über die Genauigkeit ihrer Beschreibung."

Papst Paul VI. besuchte Ephesus 1967, und im folgenden Jahr wurde in den Ruinen der Doppelbasilika vor einigen tausend Menschen ein Hochamt zelebriert. Das sind die frühesten und die allerjüngsten christlichen Erinnerungen an Ephesus.

Während seiner aktiven Missionstätigkeit hielt sich Paulus in Ephesus länger als in jeder andern Stadt seiner Wahl auf, etwa zweieinhalb Jahre. (Wie gewöhnlich ist die Chronologie umstritten: Holzner gibt die Jahre 54–57 an, Bornkamm 52–55). Es lohnt sich, zu fragen, warum Paulus hier so lange verweilte. Wir können drei Gründe unterscheiden. Erstens war Ephesus die größte Stadt von Kleinasien. Es war amtlich nicht die Hauptstadt der römischen Provinz Asia, das war Pergamon immer schon gewesen, aber es war bei weitem die bedeutendste Stadt der Provinz, und die Prokonsuln regierten gewöhnlich hier. Obwohl es heute einige Meilen vom Meer entfernt liegt, war es im Altertum ein großer Hafen, Umschlagplatz für die Güter des Ostens und Westens, des Nordens und Südens.

Diese Metropole Asiens war mehr als tausend Jahre gewachsen. Ursprünglich, um 1100 v. Chr., war es eine Siedlung von Kolonisten aus Athen, die von seinem Hafen und seiner Verbindung mit dem Innern und dem Orient angelockt worden waren. Strabo sagt, daß die Stadt durch diesen Handel jeden Tag wuchs. Spanien, Sizilien, Griechenland, Ägypten und das Schwarze Meer, alle trugen zu ihrem Wohlstand bei. Das Ephesus, das Paulus erblickte, als er durch das nördliche oder Magnesische Tor hereinkam, war die Schöpfung des Lysimachus, des menschenfreundlichen Feldherrn und Nachfolgers Alexanders des Großen (gest. 323 v. Chr.). Er umgab die Stadt mit den Mauern, die wir noch sehen können, und viele der erstaunlich üppigen Überreste der Stadt gehen auf hellenistische Zeiten zurück, wenn auch einige römisch und sogar nachpaulinisch sind. Im ganzen aber vermittelt Ephesus, wie man es heute sieht, den überwältigendsten Eindruck von allen frühen Weltstädten des Reichs.

Noch mehr aber, und das führt uns zum zweiten Grund, war es Mittelpunkt schlechthin leidenschaftlicher Verehrung der Artemis von Ephesus. Diese Göttin hat kaum mehr als den Namen gemein mit der jungfräulichen Jägerin der griechischen Mythologie. Die sogenannte Artemis von Ephesus war eine Anpassung einer alten asiatischen Fruchtbarkeitsgöttin, der Großen Mutter, die in asiatischen Religionen in verschiedenen Verkleidungen erscheint. Ihr Bild sollte vom Himmel gefallen sein (Apg 19,35). Ihre Anhänger ehrten sie mit orgiastischen Riten; sie war weit über die Grenzen von Ephesus hinaus berühmt. Außerdem hatte sie neben kultischen Funktionen noch zwei wichtige andre.

Ihr Tempel besaß das Asylrecht, Flüchtlinge konnten darin Zuflucht finden. Das bedeutete, daß immer eine Anzahl von Verbrechern in seinem Bezirk Straffreiheit finden konnte. Kaiser Tiberius versuchte, dieses Privileg abzuschaffen, war aber gezwungen, den Protesten der Epheser nachzugeben. Die zweite zusätzliche Funktion des Tempels war wie beim Tempel in Jerusalem und andren Heiligtümern die einer Bank. Da der Tempel ein heiliger und unverletzlicher Ort war, wurde er zum Aufbewahrungsort für private und öffentliche Schätze. Es war bei den Juden fromme Übung (heute von den Christen nachgeahmt), jährliche Spenden nach Jerusalem zu schicken. Und in Ephesus, in eben diesem Tempel, wurden diese Spenden gehortet. Cicero hielt im Jahr 61 seine berühmte Verteidigungsrede für Flaccus, den Statthalter von Asia, der beschuldigt worden war, die Ausfuhr des Aurum Judaicum, der Tempelgelder, verhindert zu haben. Die Angelegenheit wurde über allen Zweifel zugunsten der Juden vom Minister des Augustus, Marcus Vipsanius Agrippa, und Herodes dem Großen während ihrer gemeinsamen Reise durch die Provinz beigelegt.

Der Tempel der Artemis selbst zählte zu den sieben Weltwundern. Sein Bezirk umfaßte etwa zwei Drittel des Gebiets von St. Peter in Rom. Das Dach wurde von 127 jonischen Säulen getragen mit schön gemeißelten Sockeln. Um noch einmal Professor Lloyd zu zitieren: „Die Ruinen des vorrömischen Ephesus sind heute unter etwa drei Meter hohem alluvialem Boden begraben, und das erklärt unter anderm die mit Wasser gefüllte riesige Grube, die alles ist, was es auf dem Gelände des berühmten Artemisium, des ‚Tempels der Diana', zu sehen gibt. Man muß wissen, daß der britische Eisenbahningenieur J.T. Wood von 1869 ab sechs Jahre lang grub, bis er schließlich auf die Ruinen des hellenistischen Tempels stieß" (er gebrauchte Dampfpumpen), „fast sieben Meter unter der heutigen Oberfläche. Man sieht Bilder von ihm in Frack und Zylinder, die er ständig trug. Sein Ellbogen ruht auf einem gemeißelten Säulenstumpf. Der arme Kerl wußte nicht, daß seine Grabungen kurz vor dem fantastischen Schatz im Fundament aufgehört hatten, der 30 Jahre später von D. G. Hogarth gefunden wurde: viele hundert Gegenstände aus Gold oder Elektrum mit Statuen der Artemis in Bronze und Elfenbein."

Der Grund für die Anziehungskraft der Stadt auf Paulus ist einfach eine Verbindung der beiden ersten Gründe. Ephesus war eine Herausforderung ohnegleichen, vor der er nicht zurückweichen konnte.

Paulus war nicht der erste, der in Ephesus evangelisierte. Der schon erwähnte Apollos hatte hier gearbeitet. Er war jetzt in Korinth, aber Paulus traf natürlich auf seine Schüler. Er fand, daß Apollos, ein so frommer Mann er auch war, nur bis zur „Taufe des Johannes" gepredigt hatte und nicht das Evangelium von Jesus von Nazareth, für das diese Taufe nach der Meinung des Paulus nur ein Vorspiel war. Aquila und Priszilla hatten ihn in der Synagoge predigen hören. Er war beredt und sehr vertraut mit der Schrift, was man von einem Juden aus Alexandria, der Stadt des großen jüdischen Philosophen und Exegeten Philo, nicht anders erwarten konnte. So hatten Aquila und Priszilla „ihn tiefer in den ‚Weg' eingeführt". Paulus entdeckte bald, daß diese Beinahe-Christen nicht einmal etwas vom Heiligen Geist gehört hatten. Es gab etwa ein Dutzend von ihnen. Paulus taufte sie im Namen Christi, und dann firmte er sie durch Handauflegung. Für Paulus war der Heilige Geist der einzige Führer, und daher mußte derselbe Geist auch der Führer der von ihm Bekehrten sein. Aus der Erzählung in der Apostel-

In diesem kleinen Haus soll Maria ihre letzten Lebensjahre verbracht haben. Im Jahre 1840 hatte eine deutsche Nonne eine beglaubigte Vision, in der sie den Ort erblickte, wo Maria gelebt hatte. Ihre Vision wurde 50 Jahre lang nicht beachtet, bis ein Priester aus Smyrna genau das in der Vision beschriebene Haus auf dem Berg Solemissos oberhalb von Ephesus fand.

geschichte wird ersichtlich, daß auch für sie das Bewußtsein, dieses Charisma empfangen zu haben, ein erregendes Erlebnis war. Wir hören (Apg 19,6), daß sie „in Zungen sprachen und weissagten", das heißt, sie machten eine pfingstliche Erneuerung durch. Durch diese Handlung hinsichtlich dieser Jünger der „Vorhalle", wie Holzner sie richtig nennt, stellte Paulus sicher, daß es *eine* Kirche in Ephesus geben und sie das sein würde, was wir heute katholisch und apostolisch nennen. Er konnte nun mit seiner Mission fortfahren. Drei Monate lang verkündete er das Reich Gottes in der Synagoge. Dann erregte, wie üblich, sein Erfolg die unvermeidliche Gegnerschaft. Er verließ die Synagoge und zog in den Lehrsaal der Schule eines gewissen Tyrannus um, der, nach seinem Namen zu urteilen, ein griechischer Lehrer der Rhetorik gewesen zu sein scheint. (Das Wort „Schule", im Griechischen wörtlich „Muße", bezeichnet Studien, da sie das Privileg der Müßigen war.) Eins unsrer frühesten und bedeutendsten Manuskripte, der Beza-Text aus dem 6. Jahrhundert, jetzt in Cambridge, nennt uns die Stunden, die Paulus zur Benutzung des Lehrsaals zur Verfügung standen, nach unsrer Zeit von elf Uhr morgens bis vier Uhr nachmittags. Das wird Tyrannus wie Paulus recht gewesen sein. Die Alten, Griechen wie Römer, begannen den Tag mit der Morgendämmerung, wie es viele Mittelmeervölker heute noch tun. Tyrannus lehrte während der ersten Stunden des Tags, während Paulus am Webstuhl saß und zweifellos seine Vorlesung überdachte, die er dann hielt, wenn Tyrannus den Saal räumte.
Zwei Jahre lang hielt Paulus diese anstrengende Lebensweise durch. Er fand Zeit, an seine Freunde in Galatien, in Korinth und in Philippi zu schreiben. Er empfing Besucher nicht nur aus der ganzen Provinz mit ihren über 500 Städten, von denen er viele besucht haben muß (Apg 19,10), sondern auch aus Griechenland; Gajus und Aristarch aus Mazedonien, Secundus aus Thessalonich, Sopater aus Beroea und andre. Die Kirche wuchs, nicht nur in Ephesus, sondern in ganz Asia, und zwar so sehr, daß der heilige Johannes eine Generation später, als er seine Apokalypse auf der Insel Patmos schrieb, sie nicht nur an Ephesus, sondern an die Sieben Kirchen richtete, die nun in der Provinz bestanden (wenn auch keineswegs alle gleich beständig), nämlich Ephesus, Smyrna, Pergamon, Thyatira, Sardes, Philadelphia und Laodizea. Mittlerweile war das persönliche Charisma des Paulus so berühmt geworden, daß man ihm Wunderkräfte zuschrieb, und Kleider, die mit seinem Körper in Berührung gekommen waren, hielt man für heilkräftig.
Falsche Teufelsbeschwörer beeilten sich, seinen Erfolg auszubeuten. Wie sie sich wahrscheinlich ausrechneten, gab es hier einen schwachen Punkt. Wenn in einer von Kopf bis Fuß von Aberglauben heimgesuchten Welt, wie es die römische war, jemand wie Paulus „starke Medizin" erzeugen konnte, warum dann sie nicht auch? Es gab da einen Juden, namens Skeuas mit sieben Söhnen, die eine gewinnträchtige Gruppe von Beschwörern bildeten. Zwei von ihnen beschlossen, den neuen Zauber an einem Besessenen zu versuchen. „Ich beschwöre euch" (den bösen Geist) „bei Jesus, den Paulus verkündet." Aber es ging schief. Der Besessene gab die entmutigende Antwort: „Jesus kenne ich, auch Paulus ist mir bekannt; aber, wer seid ihr?" Dann stürzte er sich auf sie und verprügelte sie, so „daß sie nackt und zerschlagen aus jenem Hause fliehen mußten" (Apg 19,15).
Die Rechtfertigung des Paulus als des obersten Heilers erzeugte eine Kettenreaktion. Zuerst fühlten sich viele Gläubige veranlaßt zu bekennen, daß auch sie sich auf abergläubische Handlungen eingelassen hatten (wer in Ephesus hatte es nicht?), und schworen nun ab. Andre folgten ihrem Beispiel, sogar offizielle Zauberer. Ephesus hatte seine eigene Marke magischer Vorschriften, bekannt als *Ephesia grammata,* Zauberworte, die in einer Art von Kauderwelsch aufgeschrieben waren. Statuen der Großen Göttin wurden damit geschmückt. Diese Zauber konnten als Liebestrank, als Talisman oder zur Förderung des Erfolgs im Geschäft benutzt werden. Sie waren groß im Schwang. Ihre Besitzer sammelten nun diese und gewöhnliche Zauberhandschriften und verbrannten alle öffentlich. (Solche Massenverbrennungen verbotener Bücher kamen auch sonst in der heidnischen Welt vor; Livius erwähnt eine; XL, 29. Selbst noch im 4. Jahrhundert fand, wie Ammianus berichtet, ein solches Feuer statt.) Der Wert der in Ephesus verbrannten Schriften belief sich auf die riesige Summe von 50000 Silberdrachmen, das sind ungefähr 35000 DM.
Paulus hatte nun mehr denn je Grund, mit seiner Arbeit in Ephesus zufrieden zu sein und mit der reichen Ernte, die sie eingebracht hatte. Er plante daher, seine Kirchen im nördlichen und südlichen Griechenland wieder zu besuchen, dann nach Jerusalem zurückzukehren, und schließlich „muß ich auch Rom sehen" (Apg 19,21). Daß er schon lange eine solche Reise überlegt hatte, geht aus dem Römerbrief (15,24) hervor, der etwas später, während seines letzten Besuchs in Korinth, geschrieben wurde. Um den Weg für seine Ankunft in Griechenland vorzubereiten, schickte er Timotheus und Erastus voraus. Seine Pläne für eine ordnungsgemäße Abreise, nachdem die notwendigen Anordnungen getroffen waren, wurden plötzlich und roh durch einen Aufruhr vereitelt, dessen Schilderung eins der lebendigsten Bilder des Lukas ist.
Es gab in Ephesus einen Mann, namens Demetrius,

der allem Anschein nach der Vorsteher der Gilde der Silberschmiede war. Die Römer waren äußerst zurückhaltend bei der Erlaubnis von Vereinen oder Gilden (Kaiser Tiberius verbot sogar die Aufstellung einer Feuerwehr in Bithynien), weil sie fürchteten, diese könnten zu politischen Zwecken mißbraucht werden oder Unruhe erzeugen: aber manchmal gestatteten sie auf Treu und Glauben gewerbliche Vereinigungen. Es ist wichtig, das bei der Betrachtung dessen, was nun in Ephesus geschah, im Auge zu behalten.

Demetrius rief seine Arbeiter zusammen und redete zu ihnen. Sie verdienten ihr Brot, erinnerte er sie, mit der Herstellung silberner Artemistempelchen, die die Pilger als Andenken an ihre Besuche kauften. Aber nun schaut, was geschehen ist: dieser Mensch Paulus hat nicht nur in Ephesus, sondern in der ganzen Provinz Tausende abtrünnig gemacht, indem er ihnen erzählt hat, handgemachte Götter hätten keine wirkliche Existenz. Das Ergebnis ist doppelt schädlich. Erstens nämlich, was solle mit ihnen geschehen, wenn die Leute aufhören, ihre Erzeugnisse zu kaufen? Und zweitens, der große Tempel selbst würde verachtet werden, und das würde das Ende von Ephesus und seines weltweiten Ruhms bedeuten.

Als die Handwerker das hörten, wurden sie sehr wütend und erregt. Sie rannten durch die Straßen und schrien ihren Schlachtruf: „Groß ist die Artemis der Epheser!" Da sie Paulus selbst nicht finden konnten, ergriffen sie zwei seiner Reisegefährten, Gaius und Aristarch, beide Mazedonier, und schleppten sie auf den einzigen für eine Versammlung geeigneten Platz, das Theater. (Es ist mehr als wahrscheinlich, daß diese beiden Männer Lukas das Material für seine Erzählung lieferten.)

Das Theater oder Stadion war im Römischen Reich der einzige Platz, wo sich eine größere Menge Menschen versammeln konnte. Allein schon diese Tatsache machte es zu einer Quelle der Unruhe für die römischen Herrscher. Selbst Kaiser Hadrian verlor die Nerven, als er einmal den Rennen zuschaute. Marcus Aurelius haßte es, wenn er im Kolosseum anwesend sein mußte. Das Theater in Ephesus – es steht heute immer noch als imponierende Anlage – faßte 24 000 Zuschauer.

Sobald Paulus hörte, was geschehen war, wollte er selbst zum Theater gehen, aber seine Schüler hielten ihn zurück. Und ebenso seine Freunde im Stadtrat, *Asiarchen,* wie sie reichlich großartig genannt wurden, deren Hauptaufgabe es war, den Rom- und Kaiserkult, dessen Mittelpunkt, wie bereits erwähnt, Ephesus war, zu überwachen. Wie üblich hatte Paulus Verbündete bei den Ämtern gewonnen, sobald diese erkannten, wer er war. Wie wir sehen werden, sollte das noch bei mehr als einer späteren Gelegenheit geschehen. Inzwischen ging die tobende Versammlung weiter. Alles schrie, und nur wenige wußten, worum es eigentlich ging. An diesem Punkt schoben die Juden, die glaubten, daß sich die Unruhe gegen sie richtete, einen aus ihrer Gemeinde, namens Alexander, vor. Er hielt die Hand hoch und versuchte ihnen zu erklären, daß die Juden nichts mit der Ursache für die Erregung der Silberschmiede zu tun hatten. Als die Leute ihn als Juden erkannten, schrien sie ihn nieder, und da sie mittlerweile hysterisch geworden waren, wie das bei einem orientalischen Mob leicht geschieht, fuhren sie einfach fort, zwei Stunden lang „Groß ist die Artemis der Epheser!" zu schreien.

Als der Stadtschreiber merkte, daß die Aufrührer physisch erschöpft zu werden begannen, schritt er ein. Es gelang ihm, sie zu beruhigen, und er wandte sich mit großem Takt an sie. „Ihr Männer von Ephesus", sagte er, „wer in aller Welt wüßte nicht, daß die Stadt der Epheser die Hüterin des Tempels der großen Artemis und ihres vom Himmel gefallenen Bildes ist? Das kann niemand bestreiten. Darum geziemt es euch, überlegene Ruhe zu bezeigen und nichts Übereiltes zu begehen. Nun aber habt ihr Männer hergebracht, die weder Tempelräuber noch Lästerer unserer Göttin sind. Haben Demetrius und seine Zunftgenossen gegen jemand Klage zu führen, so gibt es dafür Gerichtstage und Statthalter; da mögen sie einander anklagen. Habt ihr sonst noch ein Anliegen, so soll es in einer regelrechten Volksversammlung erledigt werden. Wir laufen ja sonst Gefahr, wegen der heutigen Vorkommnisse des Aufruhrs angeklagt zu werden, und es fehlt jeder triftige Grund, mit dem wir diesen Auflauf rechtfertigen könnten" (Apg 19,35–40).

Das entschied den Streit. Der Stadtschreiber hatte sehr geschickt dem Mob den schwarzen Peter zugeschoben: sie, nicht ihre Gegner würden Schwierigkeiten bekommen. Er forderte sie auf, sich zu zerstreuen, was sie dann auch taten.

Paulus hatte beabsichtigt, Ephesus zu verlassen; jetzt wurde es zwingend, daß er es tat. Er rief seine Jünger zusammen, umarmte sie und brach dann auf, die große säulenbestandene Straße hinunter, die zum Hafen führte, um sich dort nach Griechenland einzuschiffen.

„Viele andere, die sich mit Zauberkünsten abgegeben hatten, brachten ihre Bücher herbei und verbrannten sie vor aller Augen" (Apg 19,19). Diese Szene aus Ephesus stellt dieses Bild von Eustache le Sueur aus dem 17. Jh. dar. Das Bild ist ein Beweis für die Fehler der sogenannten „Historienmalerei", denn „Bücher" gab es zur Zeit des Paulus noch nicht, sondern Schriftrollen, und er wohnte der Bücherverbrennung nicht bei.

Wieder in Griechenland

Nun war es wieder Frühling, und das Meer war wieder für die Schiffahrt offen. Paulus wollte seine griechischen Kirchen wieder besuchen. Timotheus, Gaius und Aristarch, Sekundus, Tychikus und Trophimus begleiteten ihn. Sie machten sich nach Troas auf. Der Übung der Zeit folgend, segelten sie die Küste entlang, hielten sich, soweit wie möglich, immer in Sichtweite des Lands und landeten im allgemeinen nachts. In jenen Tagen, als es noch keinen Kompaß gab, war es nicht immer möglich, nach Eintritt der Dunkelheit die Richtung zu halten, denn der Nachthimmel konnte bedeckt sein. In Troas war ein gewisser Carpus ihr Gastgeber. Paulus war sieben Jahre vorher in Troas gewesen. Damals hatte der Geist ihm verboten zu predigen, jetzt aber „tat sich mir eine Tür auf" (2 Kor 2,12).
Aber ihn drängte es, Mazedonien zu erreichen, und er blieb nicht lange. Er wünschte den Bericht des Titus über Korinth. So trafen sie sich in Philippi, wo sich Paulus nach einigen Jahren der Trennung wieder mit Lukas vereint zu haben scheint. Der Bericht des Titus war tröstlich aus Gründen, die im zweiten Korintherbrief angedeutet werden, oder vielmehr in den Fragmenten mehrerer Briefe, die diesen Brief bilden.
„Als wir nämlich nach Mazedonien gekommen waren, hatte unser Fleisch keine Ruhe, sondern in allem gab es Bedrängnis; außen Kämpfe, innen Ängste. Aber Gott, der die Gebeugten tröstet, verlieh auch uns Trost durch die Ankunft des Titus; jedoch nicht allein durch seine Ankunft, sondern auch durch den Trost, mit dem er bei euch getröstet worden war; berichtete er uns doch von eurer Sehnsucht, von eurer Klage und von euerem Eifer für mich, so daß meine Freude noch größer wurde" (2 Kor 7,5–7). Paulus fährt fort, daß es ihm leid tue, ihnen geschrieben zu haben, wie er getan hatte; aber es habe sich schließlich gut ausgewirkt, weil es sie betrübt habe. Nun könnten sie alle, Paulus eingeschlossen, glücklich sein. Und er fordert sie auf, dem Beispiel der Mazedonier zu folgen und für sein Hilfswerk für die armen Brüder in Jerusalem zu spenden.
Aus dem Römerbrief (15,19) geht hervor, daß Paulus eine Reise nach Illyrien unternahm, dem heutigen Dalmatien. Diese Provinz lag nördlich der Via Egnatia. Es war dort in jüngster Zeit ziemlich unruhig hergegangen. Ihre Einwohner behielten ihre kriegerischen Eigenschaften bis zum Ende des Imperiums, und einige der besten römischen Soldatenkaiser waren Illyrer. Insgesamt verbrachte Paulus drei Monate im nördlichen Griechenland. Als der Winter 57 hereinbrach (Bornkamm setzt ein Jahr früher an), besuchte Paulus noch einmal, und zwar zum letztenmal, Korinth; ein friedliches Korinth mit einer wachsenden Kirche, Erfolg seiner Arbeit, seiner Beharrlichkeit und vor allem seiner Liebe.
Holzner erinnert uns: „Der Winter war vorüber. Rom hatte am 5. März die Schiffahrt unter religiösem Gepränge feierlich eröffnet mit dem navigium Isidis, dem Fest der ägyptischen Beschützerin der Meere" (S. 346). Paulus plante nun, nach Jerusalem zu gehen und dann nach Rom. Er wollte nach Jerusalem, weil er den Brüdern dort sein Hilfswerk übergeben wollte. Aber er muß in seinem Geist auch den Gedanken an eine Jerusalem-Rom-Achse, wie wir es heute nennen würden, gehegt haben als Unterbau für eine universale Kirche, wie er sie sich jetzt vorstellte. Normalerweise hätte Paulus ein Schiff im Hafen Kenchreä genommen und wäre dann auf der Inselroute und an der Südküste von Asia vorbei nach Cäsarea gesegelt, genau wie er es

Das Kloster Nea Moni auf der Insel Chios. Chios war ebenso wie Lesbos eine der Inseln, an der das Schiff des Paulus auf der Rückreise nach Jerusalem anlegte. Chios ist berühmt durch seine wunderbar gelegenen byzantinischen Klöster.

bei seiner zweiten Reise getan hatte. Aber als er gerade aufbrechen wollte, wurde er gewarnt, daß jüdische Gegner einen Anschlag auf sein Leben planten (Apg 20,3). Wie wir in Kürze sehen werden, befand sich die jüdische Welt in einem Zustand fieberischer Unruhe und voller Unmut gegen ihren römischen Oberherrn. Es war daher unvermeidlich, daß Paulus, der gebürtige Jude, aber jetzt römischer Bürger, als Abtrünniger erscheinen mußte, besonders den frommen orthodoxen Juden, die jetzt die Schiffahrtswege auf dem Weg zum Pascha in Jerusalem bevölkerten.

Die Gefährten des Apostels fuhren, vielleicht zur Tarnung, unmittelbar nach Troas, während Paulus und Lukas zurück nach Mazedonien gingen. In Philippi feierten sie Pascha. Dann schifften sie sich ein und erreichten Troas nach einer Reise von fünf Tagen (sie machten also nur 30 Meilen am Tag), während sie in umgekehrter Richtung nur zwei Tage gebraucht hatten. In Troas fanden Paulus und Lukas den Rest der Gesellschaft und beschlossen, verständlicherweise müde nach der anstrengenden Reise, dort eine Woche zu bleiben.

Es war schon Brauch der Christen, sich zu Gedächtnisgottesdiensten am „ersten Tag der Woche" zu treffen, dem Tag der Auferstehung, unserm Sonntag; und dabei auch Almosen zu sammeln, wie wir aus 1 Kor 16,2 wissen, genauso, wie es in den heutigen Kirchen geschieht. In Troas fiel der erste Tag der Woche auf den Vorabend der Abreise der Apostel, so daß er sowohl für sie wie für ihre Herde von besonderer Bedeutung war. Bevor sie zum liturgischen Brotbrechen übergingen – es fand wie bei der ursprünglichen Einsetzung durch Jesus in einem oberen Raum statt –, fing Paulus an zu predigen. Er redete so lange, daß ein junger Mann, namens Eutychus, für den der Tag nicht wie bei uns ein Tag der Ruhe gewesen war, müde wurde und sich in ein offenes Fenster setzte. Selbst dort war die Hitze von den vielen Lichtern und der dichtgedrängten Menge so drückend, daß er, als Paulus immer weiter sprach, fest einschlief. So fest, daß er aus dem Fenster drei Stockwerke tief auf die Straße stürzte. Er wurde für tot aufgehoben. Paulus gab ihm den Lebenskuß und sagte der Gemeinde, sie solle sich nicht beunruhigen: „Beunruhigt euch nicht; es ist Leben in ihm" (Apg 20,10). Dann ging er wieder hinauf, fuhr mit dem Brotbrechen fort und hielt eine weitere Predigt, die bis nach Mitter-

Unten: Der Hafen von Mytilene auf der Insel Lesbos.

Nächste Seite: Hellenistische Goldplatte mit Darstellung der Göttin Kybele. Die Göttin, umgeben von den Symbolen ihres Kultes, fährt zusammen mit ihrem Gefährten Attis in einem von Löwen gezogenen Wagen. In den Tagen des Paulus stand auf der Insel Chios ein berühmter Tempel der Kybele.

nacht dauerte. Dieser Vorfall mag trivial erscheinen und hat eine fast komische Seite; richtig betrachtet aber, beweist sie wieder die erstaunliche Fähigkeit des Paulus, eine Lage zu beherrschen, die Ruhe wiederherzustellen, und das zu tun, was er zu tun vorhatte.

Am nächsten Morgen verließen die Gefährten Troas (Eutychus war beim Abschied dabei) und segelten der Küste entlang nach Assos an der andern Seite der Landzunge. Assos besitzt immer noch seine auf den Felsen gebaute Zitadelle und einen großen Teil ihres Gürtels von mächtigen Befestigungen mitten in einer sanften Kulturlandschaft. Paulus machte die Reise zu Fuß und traf sich dort mit seinen Gefährten; dann reisten sie die Küste entlang weiter. Um wieder einmal Professor Lloyd zu zitieren: „Die Rückreise des Paulus wird von Lukas sorgfältig beschrieben, denn als Grieche hatte er lebhaftes Interesse an allem, was mit dem Meer zu tun hatte... Man sieht förmlich die Missionare in diesen Sommertagen auf dem Boot zwischen der ägäischen Küste und den Inseln – mit dem Blick auf die kleinen Hafenstädte und hinter sich die Schatten der Wolken, die einander den blauen Bergen zujagen. Selbst Herodot beschreibt diese Teile der Ägäis als ‚Orte, die von den Himmeln und Jahreszeiten begünstigter sind als jedes andre uns bekannte Land'."

Am nächsten Tag kamen die Reisenden nach Mitylene, dem großen Hafen der Insel Lesbos, der Heimat der Dichter Alkäus und Sappho. Mitylene war ein Hafen von großer strategischer Bedeutung, da es der erste auf der asiatischen Seite unterhalb der Dardanellen war. Agrippa hatte ihn benutzt und ebenso Herodes der Große, als er unterwegs mit einer Hilfstruppe war, um seinen römischen Freund zu treffen. Die Insel wird von den Ruinen einer Festung beherrscht, die teils von Genuesen, teils von Türken erbaut worden ist. Heute ist sie wieder mit Griechenland vereint. Dann ging die Fahrt weiter zur Insel Chios, reich an Blumen und Früchten, höchstwahrscheinlich Geburtsort Homers und heute noch beliebter Aufenthaltsort für christliche Mönche mit hübschen Wohnplätzen. In den Tagen des Paulus war Chios unter anderm bekannt wegen des Heiligtums der Kybele, der Großen Göttin. Er sollte all das ändern.

Sie segelten an Ephesus vorbei; Paulus wagte nicht wieder, diese lärmende Metropole zu betreten, wo er, wie er später sagt, „mit wilden Tieren kämpfte". Am nächsten Tag legten sie in Samos an, nur eine Meile von der asiatischen Küste entfernt und unterhalb des Bergs Mykale, wo in alten Zeiten sich der jonische Rat versammelt hatte.

Samos war schon vor langer Zeit bewohnt gewesen. Die Einwohner waren typische Jonier, unterneh-

Blick vom Ostkap der Insel Samos zum Berg Mykale. Die Menschen dieser wunderbaren Insel im Ägäischen Meer hatten in der jonischen Inselwelt einen besonderen Ruf.

mende Kolonisten; sie gründeten Siedlungen bis nach Ägypten, waren Ingenieure, Schiffbauer und Architekten. Sie schufen nicht nur den ersten uns bekannten Säulentempel, sondern waren auch entschlossen, den größten zu errichten, der 122 mal 58 Meter groß werden sollte. Aber diese riesige Aufgabe war selbst für sie zuviel, und er wurde nie vollendet. Der unterirdische Aquädukt aber, der unter einem Berg gebohrt worden war, und die Hafenmole wetteiferten mit dem großen Tempel in den Tagen des Polykrates (um 530 v. Chr.). Pythagoras stammte aus Samos, und Herodot verbrachte einige Zeit dort. Die Insel war tatsächlich ein Spiegel jonischer Vollkommenheit. Hier, wenn überhaupt irgendwo, kann man den Fortbestand menschlichen Geistes, der immerwährenden Philosophie spüren, hier und in Milet, wohin Paulus nun segelte.
Von allen Städten Joniens bietet Milet heute den reizendsten Willkomm. Es ist noch nicht wie Pergamon, Ephesus oder Perge zur „Attraktion" geworden, eingezäunt in Draht und verschandelt von Buden und Kiosken. Wie so manche andre Stadt des alten Asiens hat es seine einmal geschäftigen Häfen durch Versandung verloren. Es gab vier Hafenbecken, von denen aus milesische Kolonisten und Händler ihre Künste und ihren Handel in so ferne Länder wie Ägypten und die Krim trugen: Leute aus Minos, Mykene und Karien folgten einander auf diese fruchtbare Halbinsel. Eine milesische Abteilung kämpfte an der Seite des Priamus in Troja. Dann kamen die attischen Einwanderer, die Milet zur berühmtesten aller zwölf Städte Joniens machten. Ein großer Milesier, Hippodamus, ist schon erwähnt worden. Aber schon vor ihm war Milet die Wiege der Philosophen gewesen: es war die Heimat von Thales, dem ersten Menschen, der eine Mondfinsternis vorhersagte, von Anaximander und Anaximenes. Wie Paulus wandten diese Männer ihre ganze Kraft darauf, nach der Wahrheit zu suchen, denn sie wußten, daß die Wahrheit sie frei machen würde.
Einen großen Teil der Stadt, die Paulus damals sah, kann auch der heutige Pilger nachdenklich betrachten: das Theater, wie das von Ephesus und anderen Städten von Griechen erbaut und später von den Römern ihren barbarischen Blutbädern angepaßt, das Stadion, die umgebenden Wälle. Geht man an einem Frühlingstag, wenn die weißfiedrigen Silber-

Oben: Milet war, wie viele der ehemals reichen Seehäfen an der jonischen Küste Kleinasiens, durch Versandung seines Hafens zum Untergang verurteilt. Die antike Stadt ist heute zumeist überbaut, aber die Überreste – unser Bild zeigt ein Theater – lassen noch heute erkennen, was für eine schöne Stadt dieser Ruheplatz des Paulus gewesen sein muß.

Unten: Ruinen der frühchristlichen Basilika an der Westküste der Insel Kos. Die Insel war der Geburtsort des Hippokrates, des Vaters der medizinischen Wissenschaft, und sie wäre für Lukas, den „geliebten Arzt", sicher sehr interessant gewesen. Doch die Gruppe der Missionare hatte nur wenig Zeit, um auf der Insel zu verweilen.

reiher über goldfarbenen Schwertlilien kreisen – farbiger Schmuck für die grauen Ruinen –, sinnend durch diese stille Stadt, dann mag man sich wohl der nie endenden Suche erinnern, an der eben in dieser Stadt so viele von Thales bis Paulus beteiligt waren.

Milet sollte nun den Rahmen abgeben für ein Schauspiel, das ergreifender war als je ein andres im Theater erlebtes und das bleibendere Wirkung als die ergreifendsten griechischen Dramen haben sollte. Paulus sandte zwei seiner Gehilfen das Mäandertal hinauf, an dessen Mündung Milet gelegen war, nach Ephesus, um die Ältesten der Kirche zusammenzurufen. Wenn er auch Ephesus nicht wieder aufsuchen konnte, so sehnte er sich doch sehr danach, den Christen dort ein liebevolles Lebewohl zu sagen. Als sie ankamen, hielt Paulus seine Abschiedsrede. Lukas hat einen Bericht über diese Rede aufbewahrt, und angesichts der heute ziemlich überholten Kritik, daß die Reden in den Werken von Thukydides und Lukas – bei beiden nehmen sie ungefähr ein Viertel des Gesamtwerks ein –, nur vom Autor eingeschobene Kunstteile seien, ist es bemerkenswert, daß die Sprache in diesem Abschnitt der in den Paulusbriefen auffällig gleicht. Sie wird in Apg 20,18–35 wiedergegeben.

Es war ein trauriger Abschied, voller Vorahnungen nicht nur für Ihn, sondern auch für seine Kinder, die, so sagt er ihnen voraus, ihn nie mehr sehen werden. Für sich selbst: „... im Geist gebunden, reise ich nach Jerusalem. Was mir dort begegnen wird, weiß ich nicht; nur das versichert mir der Heilige Geist von Stadt zu Stadt, daß Fesseln und Drangsale meiner warten." Nachdem er sie alle Gott befohlen und wieder betont hat, daß er nicht um materiellen Gewinn gearbeitet, sondern sein Brot mit eigner Hand verdient hat, endet er: „In allem habe ich euch gezeigt, daß man so durch Arbeit sich der Schwachen annehmen muß, eingedenk der Worte des Herrn Jesus, der gesagt hat: Geben ist seliger als Nehmen.'" Dies letzte ist eine Aussage Jesu, die in keinem der Evangelien überliefert ist. „Nach diesen Worten kniete er mit allen zum Gebet nieder. Alle brachen in lautes Weinen aus; sie fielen Paulus um den Hals und küßten ihn. Am meisten betrübte sie das Wort, daß sie ihn von Angesicht nicht mehr sehen sollten. Dann begleiteten sie ihn zum Schiff."

Paulus betrat ein Schiff nach Kos, der bezaubernden Insel, die Halikarnaß (Bodrum) auf dem Festland gegenüberliegt. Für Lukas muß sie von besonderem persönlichem Reiz gewesen sein, denn Kos ist der Geburtsort des Hippokrates, des Vaters der Medizin, das heißt der medizinischen Wissenschaft, der dort um 460 v. Chr. geboren wurde. Die Insel besaß auch ein Asklepieion, Stätte des Asklepios, des mythischen Gottes der Heilkunst. Die Behandlung war vornehmlich psychologisch, wobei Suggestion und Hypnose eine große Rolle in der Therapie spielten (und nach den Überresten dieser und ähnlicher Stätten in Pergamon und Epidaurus zu schließen, eine erfolgreiche). Paulus, dessen Behandlung psychopathischer Fälle schon bei seinem Umgang mit „Magiern" und „Besessenen" gezeigt worden ist, muß Kos auch wohl als geistesverwandt empfunden haben. Kos zeugt noch vom eignen Glauben des Paulus, denn unten am Hafen steht eine wohlerhaltene Festung des Johanniterordens. Am nächsten Tag kamen sie nach Rhodos, das noch mehr von den Gebäuden des Ordens beherrscht

Büstẻ des berühmten Arztes Hippokrates von Kos, heute im Kapitolinischen Museum in Rom.

Rechts: Ruinen des Asklepios-Heiligtums in Pergamon. Einige der Asklepios-Stätten – Tempel und Heilstätten, die dem griechischen Gott Asklepios, dem Sohn Apollos, geweiht waren – sind in der antiken Welt hochberühmt gewesen. Es ist interessant, über die Bekanntschaft des Arztes Lukas mit diesen Heilstätten Vermutungen anzustellen.

wird, dessen Heimat es in der Zeit bald nach seiner Vertreibung aus Palästina war, d.h. von 1310 bis 1522, als Rhodos an die Türken fiel.

In den Tagen des Paulus war Rhodos berühmt als Mittelpunkt von Philosophen und Rhetorikern. Es hatte eine lange und glänzende Geschichte hinter sich. Drei Städte, Lindos, Jalysos und Kamiros – Spuren der ersten und letzten grüßen noch heute den Reisenden –, schickten, wie es im frühen Griechenland üblich war, Scharen von Kolonisten nach Sizilien, den Liparischen Inseln und sogar nach Nordostspanien. Gegen Ende des Peloponnesischen Kriegs erhoben sich die Rhodier gegen ihre Athener Oberherren und bauten ihre neue Hauptstadt Rhodos mit den Zwillingshäfen und nach dem Gittermuster. Alexander der Große besetzte sie, und damit begannen drei Jahrhunderte der Blüte. Der Handel nahm zu, und der rhodische Kodex wurde als internationales Seerecht anerkannt. Unglücklicherweise stellte sich Rhodos im Streit zwischen Cäsar und Pompeius auf die Seite des Pompeius (der 67 v.Chr. das Meer von Piraten gesäubert hatte) und fiel so dem Zorn des Siegers anheim.

Aber seine Lebenskraft war so groß, daß seine Bildhauer, Maler, Schriftsteller und vor allem seine Rhetoriker und Philosophen ihr Ansehen bewahrten. Cassius und selbst Cicero studierten unter rhodischen Meistern Rhetorik. Kaiser Tiberius verbrachte, als er sich als designierter Erbe des Augustus aus Rom zurückzog, um Unannehmlichkeiten mit seiner Mutter und seinem Stiefvater aus dem Weg zu gehen, als Grieche lebend, acht Jahre auf der Insel. Wie in Kos beeindruckt uns heute die mannigfaltige Erinnerung an die Ritter des heiligen Johannes von Jerusalem, besonders das große Hospital, denn der Dienst des Lukas hat die christliche Kirche immer beflügelt. In Rhodos sagte Paulus Hellas zum letztenmal Lebewohl.

Das Schiff segelte nach Patara, einer heute vergessenen kleinen Stadt. Die kleine Bucht, die im Altertum Schiffen Zuflucht gewährte, ist, wie so viele andre, völlig versandet. Nur die Ruinen eines Theaters, 70 Meter im Durchmesser, und ein monumentales Tor mit drei Bögen sprechen von seiner vergangenen Größe; aber zu Zeiten des Paulus war es ein bedeutender Hafen und Stapelplatz. Sein Hauptheiligtum war ein berühmter Tempel des Lykischen Apollo, der einmal mit Delphi an Reichtum und Ansehen gewetteifert hatte. Hier verließen die Reisenden das kleine Küstenschiff und bestiegen ein nach Syrien bestimmtes Schiff. Sie segelten nach Südosten, fuhren an der Südküste von Cypern vorbei und dann nach Tyrus, wo das Schiff entladen werden sollte. Kein Wunder; denn Tyrus war schon lange einer der großen Märkte der Levante, eine der Hauptstädte der Phönizier, der Händler der Zeit schlechthin; ihre Handelsflotte war unvergleichlich. Wie wir schon gesehen haben, war Zeno der Sohn eines phönizischen Händlers. Der Reichtum von Tyrus im 6. Jahrhundert v. Chr. ist von Ezechiel in einem der majestätischsten dichterischen Klagelieder aller Literatur besungen worden (Ez 27,5 ff.).

„Aus Zypressen von Senir" (Berg Hermon) „erbaute man alle deine (Schiffs-)Planken. Zedern vom Libanon nahm man, um den Mast zu errichten. Aus den höchsten Eichen von Baschan fertigten sie deine Ruder, dein Verdeck zierten sie mit Elfenbein, eingelassen in Zedernholz von den Inseln der Kittäer [Hellenen]. Buntgewirkter Byssus aus Ägypten war dein Segel, um dir als Flagge zu dienen. Blauer und roter Purpur von Elischas [Achaias] Gestaden war deine Decke. Die Einwohner von Sidon und Arwad dienten dir als Ruderer." Männer aus allen Nationen kamen nach Tyrus, sogar aus dem fernen Persien, um als Krieger zu dienen. „Schild und Helm hingen sie in dir auf. Sie verschafften dir dein Ansehen."

Diese Flotte und dieses Heer schützten und förder-

ten den Handel in großem Maßstab; Handel in allen Arten von Metallen, von Eisen bis Gold, in Pferden, Sklaven, Textilien und edlen Steinen. Vor allem aber gab es den Farbstoff von Tyrus, der den schönsten Purpurstoff hervorbrachte. All das sollte zugrunde gehen, wie Ezechiel sagt, und Tyrus sollte „zu einem Trockenplatz der Netze“ werden. Und ein solcher Ort ist es heute buchstäblich. Alexander der Große bereitete der legendären Vorherrschaft von Tyrus ein Ende. Die Stadt war auf einer Insel erbaut, aber während einer berühmten und langen Belagerung baute Alexander einen heute noch bestehenden Damm, über den seine Truppen und Maschinen unerbittlich vorrückten, um die Stadt zu erobern. Während der Herrschaft von Alexanders Nachfolgern, den Seleukiden, gewann Tyrus viel von seinem Wohlstand zurück, und zur Zeit des Paulus wetteiferten seine edlen Bauten mit denen Roms. Hier in Tyrus hörte Paulus die letzten Nachrichten aus Jerusalem. Sie waren schlecht. Während der sieben Tage, die er in Tyrus verbrachte, baten ihn seine Jünger, sich nicht in die Heilige Stadt zu wagen.

Um die damalige Lage verständlich zu machen, müssen wir den Tod des Königs Agrippa (Herodes Agrippa) erwähnen. Kaiser Claudius hätte als Nachfolger gern Agrippas Sohn ausgesandt. Er trug denselben Namen und lebte damals in Rom. Aber der Junge war erst 17 Jahre alt, und die Clique der Freigelassenen, angeführt von Pallas, Narcissus und Felix, wollte sich nach Möglichkeit eine solch nutzbringende Ernennung nicht entgehen lassen. Man überzeugte den Kaiser, daß die Lage in Palästina eine strenge Führung erfordere, und so wurde Judäa eine von einem Prokurator regierte Provinz. Man kann sich die Entrüstung der Juden vorstellen. Von den ersten beiden Prokuratoren, die jeder zwei Jahre lang im Amt waren, sagt der jüdische Historiker Josephus, daß sie den Sitten des Landes nicht zu nahe traten und den Frieden aufrechterhielten (*Jüdischer Krieg* XI, 220; *Altertümer* XIX, 103). Unter dem dritten, Ventidius Cumanus, der sein vierjähriges Amt 48 begann, fingen die Unruhen an, die zum Untergang der Juden führen sollten.
Die Truppen des dritten Prokurators wurden unkluger-, ja beleidigenderweise unter den Heiden von Cäsarea und Sebaste ausgehoben. Während des Paschafestes, als Jerusalem von Pilgern überquoll, erregte einer der Soldaten im Dienst im Tempelbe-

Kopf eines Silens aus Rhodos (2. Jh. v. Chr.). Die Gestalt dieses Begleiters des Gottes Dionysos war eine der vielen Figuren der griechischen Mythologie, denen Paulus und seine Begleiter begegneten und mit denen sich das junge Christentum konfrontiert sah.

zirk durch eine unanständige Geste einen Aufstand. Die Truppen wurden alarmiert, und in der anschließenden Panik wurden Tausende zertrampelt. Ein andrer Soldat entweihte eine Gesetzesrolle. Er wurde öffentlich hingerichtet. Dann griffen Samariter eine Gruppe von Galiläern an, die sich auf dem Weg zu einem Fest in Jerusalem befand, und tötete eine Anzahl. Cumanus handelte nicht. Die Juden von Jerusalem rächten sich, und Cumanus mußte sie mit einem Reitertrupp zerstreuen. Im ganzen Land herrschten Raub, Überfall und Blutvergießen. Die Samariter wandten sich eilends an den neuen Statthalter von Syrien, Ummidius Quadratus, und die Juden folgten kurz danach mit einem eignen Appell. Ummidius hielt die erste Untersuchung in Tyrus ab und ging dann erst nach Cäsarea, um die Angelegenheit an Ort und Stelle zu prüfen. Nachdem er die Kreuzigung und Enthauptung einer Anzahl von jüdischen Rädelsführern befohlen hatte, schickte er zwei frühere Hohepriester zusammen mit zwei andern jüdischen Vornehmen und den samaritischen Führern nach Rom zu Claudius. Cumanus und sein Stabschef wurden ebenfalls dorthin gesandt.

Terrasse des Tempels des Herodes in Sebaste. Der König errichtete diese Stadt auf dem Boden des alten Samaria.

Als die Angelegenheit vor Claudius kam, stützten seine Freigelassenen natürlich Cumanus und die Samariter; aber der junge Agrippa II. setzte sich zugunsten der Juden durch. Drei Samariter wurden hingerichtet, Cumanus verbannt und sein Stabschef nach Jerusalem zurückgeschickt, wo er enthauptet wurde.

Als Nachfolger des Cumanus ernannte der Kaiser kurz vor seinem Tod im Jahr 54 Antonius Felix. Dieser Felix war ein Freigelassener Antonias, der Mutter des Kaisers – daher der Name Antonius statt Claudius –, und Bruder eines Freigelassenen des Kaisers, Pallas. Tacitus (Hist. V, 9) sagt von Felix, daß er die Autorität eines Königs ausübte mit der Gesinnung eines Sklaven und sich auf den Einfluß seines Bruders bei Hof stützte. Auch Sueton (Claudius 28) erzählt von dem unerhörten Zuwachs an Reichtum und Macht dieses geistig Minderwertigen und sagt, daß er der Gatte von drei Königinnen wurde. Die erste war eine Enkelin von Antonius und Kleopatra. Durch diese Vereinigung wurde Felix praktisch ein Verwandter des Kaisers. Die zweite war Drusilla, Schwester von Agrippa II. Sie war schon mit Aziz, dem König von Emesa (Homs), vermählt, aber sie verließ ihn und lebte mit Felix im Ehebruch. (Wer seine dritte Königin gewesen ist, wissen wir nicht.)

Nero (links) und Agrippina (rechts). Agrippina war die vierte Ehefrau und die Nichte des Kaisers Claudius, Nero war ihr Sohn aus der ersten Ehe. Ehrgeizig und habgierig sicherte Agrippina bei ihrer Heirat mit Claudius im Jahre 54 n. Chr. die Thronfolge für ihren Sohn Nero. Und sie besaß im Anfang von Neros Regierung fast mehr Macht als der Kaiser selbst. Doch dann entzog sich Nero der Autorität seiner Mutter und ließ sie im Jahre 56 n. Chr. ermorden. Die beiden abgebildeten Porträtmünzen, die in Antiochia geprägt wurden, zeigen die Ähnlichkeit dieser beiden berüchtigten Mitglieder der römischen Kaiserfamilie.

Claudius starb im Herbst 54. Ihm folgte Nero, der Sohn von Claudius' Frau Agrippina aus ihrer ersten Ehe. Agrippinas Liebhaber war Pallas, der Bruder des Felix. Der kaiserlichen Gunst nun doppelt sicher, machte sich Felix jetzt daran, die Banditen auszurotten. Durch Verrat fing er einen der Führer und ließ ihn in Ketten nach Rom schaffen. Jetzt wurden Überfälle bei Tageslicht gefährlich, und daher benutzten die Terroristen nun das gebogene Messer, so etwa wie eine Sichel, das die illyrischen Piraten gebraucht hatten; der lateinische Name dafür war *sica* (Sichel). Die es gebrauchten, wurden *sicarii* genannt. Schon 81 v. Chr. hatte Rom gegen sie Gesetze machen müssen. Das Messer konnte leicht in der Kleidung verborgen werden; ein schneller Stoß, das Opfer war tot, und der Mörder mischte sich unerkannt unter die Dabeistehenden.
Felix zerstritt sich bald mit dem Mann, einem früheren Hohenpriester, dem er seine Ernennung zu verdanken hatte. Er ließ ihn ermorden. Die Terrorherrschaft begann; keiner fühlte sich mehr sicher. Denn es war der Prokurator, eben der Mann, der Gesetz und Ordnung hätte aufrechterhalten sollen, der Gewalt entfesselte. Das erschreckte Volk wurde eine leichte Beute für Betrüger jeder Art. Falsche Propheten und Wunderwirker beuteten die allgemeine Unruhe aus; indem sie göttliche Eingebung behaupteten, lockten sie Mengen in die Wüste und versprachen Zeichen und Wunder und das Kommen der Freiheit. Felix sandte Fuß- und Reitertruppen aus, um die Bewegung zu vernichten. Viele wurden verhaftet, viele andre getötet.
Der furchtbarste dieser Betrüger war ein Ägypter, derselbe, der in der Apostelgeschichte 21,38 erwähnt wird. Er rief die Bevölkerung Jerusalems auf, sich auf dem Ölberg zu versammeln, von wo aus er sie in die Zitadelle Jerusalems führen wollte, deren Mauern zusammenbrechen sollten wie jene von Jericho für Josua. Felix löste die Versammlung auf, aber der Ägypter entkam. Darum erscheint er in der Geschichte von Paulus. Inzwischen gingen der Mord und die Verbrennung großer Güter weiter. Die Gesetzlosen nahmen überhand. Jedes Dorf, das ihnen Unterstützung verweigerte, wurde dem Erdboden gleichgemacht.

Vor diesem dunklen und siedenden Hintergrund rollte das Drama vom letzten Auftreten des Apostels im Heiligen Land ab.

Rückkehr nach Jerusalem

Paulus erfuhr alles über diesen traurigen Zustand in Jerusalem und Judäa durch die Brüder in Tyrus. Die Nachrichten bestätigten seine eignen schlimmsten Ahnungen, und doch wußte er, daß er weiterdrängen mußte. Er und seine Gefährten segelten die Küste hinunter nach Ptolemais, wo heute eine schöne kleine Stadt am nördlichen Ende der Bucht über dem Berg Karmel liegt. In alten Tagen wurde die Stadt Ptolemais nach dem ägyptischen Herrscher Ptolemäus genannt, der sie einnahm, als er nach dem Tod Alexanders des Großen im Jahr 323 v. Chr. sich zum Herrn von Ägypten und Palästina machte. Ihr ursprünglicher semitischer Name war Akkon, und in latinisierter Form kehrte sie zu ihm in den Tagen der Kreuzfahrer zurück, an die sie noch viele schöne Erinnerungen bewahrt. Die Kreuzfahrer hatten sie St-Jean D'Acre genannt, und die Stadt war ihr letzter Stützpunkt im Heiligen Land. 1291 wurden sie daraus vertrieben.

In den Tagen des Paulus war Ptolemais eine römische Kolonie, von Veteranen bewohnt. Nach einem Tag, den sie dort mit der kleinen Kirche verbrachten, brachen Paulus und seine Gefährten nach Cäsarea auf. Dort, in der weithin heidnischen Stadt konnte Paulus sich einigermaßen sicher fühlen. Er und seine Gefährten wohnten bei Philippus, dem Evangelisten, und einem der ursprünglichen sieben Diakone. Er war ein alter und erprobter Freund, einer der wahren Wegbereiter des Glaubens. Er hatte vier unverheiratete Töchter, die auch „prophezeiten", das heißt, sie halfen bei der Verbreitung der Kenntnis vom „Weg".

Während die Gesellschaft in Cäsarea war – und sie blieben einige Zeit dort –, kam Agabus, wahrscheinlich derselbe Seher, der den Jüngern in Antiochia die Hungersnot vorhergesagt hatte, von Jerusalem herunter. Er prophezeite dem Paulus Verderben. Wie die alten hebräischen Propheten führte er symbolische Handlung aus. Er nahm den Gürtel des Paulus, band sich Füße und Hände und sagte: „So spricht der Heilige Geist: Den Mann, dem dieser Gürtel gehört, werden Juden in Jerusalem also binden und der Gewalt der Heiden ausliefern." Als die Gefährten das von einem so erprobten Seher hörten, flehten sie alle, Lukas und die Brüder in Cäsarea eingeschlossen, ihn an, nicht nach Jerusalem zu gehen. Darauf antwortete Paulus: „Warum weint ihr und macht mir das Herz so schwer? Ich bin bereit, für den Namen des Herrn Jesus mich in Jerusalem nicht nur binden zu lassen, sondern selbst den Tod zu erleiden." Es war klar, daß Paulus sich nicht umstimmen ließ, und so sagten alle: „Des Herrn Wille geschehe" (Apg 21,10–14).

Die ganze Gesellschaft bereitete sich nun darauf vor, nach Jerusalem zu gehen. Die Gefahr, der Paulus entgegenging, war in der Tat schrecklich. In der gegenwärtigen schwierigen Lage würde er kaum *persona grata* sein. Als römischer Bürger würde er jedem patriotischen Juden als „Römling" erscheinen, als Kollaborateur der Unterdrücker. Für die judenchristliche Kirche war er ein Hellenist, ein Mann, der nicht nur mit Heiden verkehrte, sondern auch noch Juden lehrte, das Gesetz aufzugeben. Die Tatsache, daß Paulus die Spende der Heidenchristen für die Jerusalemer Gemeinde bei sich hatte, vermehrte nur ihre Verlegenheit. Die Spende konnte leicht als Schweigegeld, ja als Bestechung angesehen werden.

Paulus verstand das völlig. Er war der letzte, der irgend jemand Schwierigkeiten bereiten wollte, gewiß nicht seinen eignen Verwandten. Man beschloß daher, daß er anstatt bei seiner Schwester und ihrem Sohn bei einem Zyprioten, einem altbewährten Christen namens Mnason, wohnen sollte, der zum Glück damals auf dem Weg nach Jerusalem in Cäsarea war. So brach die ganze Gesellschaft, darunter auch einige Brüder aus Cäsarea, nach Jerusalem auf.

Kreuzfahrerburg in Acre. Zur Zeit des Paulus trug diese Hafenstadt den Namen Ptolemais. Von hier aus reiste Paulus über Cäsarea nach Jerusalem.

Die erste Begegnung mit den Brüdern in Jerusalem war herzlich. Am nächsten Tag wurde für die neuangekommene Gruppe, darunter Lukas, eine Verabredung getroffen, Jakobus und seiner kleinen Schar die Aufwartung zu machen. Nachdem Paulus sie begrüßt hatte, wie es Treue und Zuneigung geboten, legte er ihnen freimütig die wundervollen Dinge dar, die Gott durch seinen Dienst an den Heiden gewirkt hatte. Er sprach genau und mit allen Einzelheiten. Jakobus und die Ältesten konnten nicht umhin, diesen Bericht zu begrüßen, fühlten sich aber gleichzeitig gedrängt, Paulus darauf hinzuweisen, daß es Tausende von Juden gab, die zwar dem Glauben anhingen, aber gleichzeitig „eifrige Anhänger des Gesetzes" waren. Diesen orthodoxen Brüdern habe man erzählt, daß Paulus bestrebt sei, alle Juden in der Diaspora (der Zerstreuung) zu überreden, das mosaische Gesetz und die mosaische Überlieferung abzutun, ja ganz und gar aufzuhören, Juden zu sein, abtrünnig zu werden. Was sollte man also tun? Die Nachricht von der Ankunft des Paulus mußte sich herumsprechen, und eine Paulus feindliche Bewegung würde auf jeden Fall Fortschritte machen.

Die Ältesten schlugen daher einen praktischen Plan vor. Paulus sollte an einer rituellen Handlung im Tempel teilnehmen. Er sollte sich an der Einlösung eines Gelübdes von vier Männern beteiligen, die zu arm waren, die Auslagen für die vorgeschriebenen Opfer zu zahlen. Josephus erzählt (XIX, 294), daß es in einem solchen Fall als fromme Handlung angesehen wurde, die Übungen zu unterstützen und

Unten: Der Felsendom zu Jerusalem mit dem Ölberg im Hintergrund. Auf dem Ölberg fand die von falschen Propheten einberufene Versammlung statt, die einen Höhepunkt der jüdischen Aufstände gegen Rom bildete und zum Jüdischen Krieg und zur Zerstörung Jerusalems führte.

Nächste Seite: Ruinen des Hafens von Cäsarea. Herodes der Große hatte diese Stadt an der Stelle des alten Stratos errichtet, um am Mittelmeer einen sicheren und vom Wetter unabhängigen Hafen für seine Handelsbeziehungen zu haben. Der Hafen mit über 30 m Wassertiefe galt als ein Weltwunder. Herodes vollendete die Stadt innerhalb von 12 Jahren und nannte sie zu Ehren des Augustus Cäsarea.

sich ihnen öffentlich anzuschließen. Das schloß Enthaltung von Wein, Wachsenlassen des Haars und Vermeidung jeder Art von Verunreinigung, z. B. durch Berührung eines Leichnams, ein. Diese „Absonderung" sollte sieben Tage dauern, und am Ende mußten sich die Beteiligten die Köpfe scheren und das Haar in das Feuer werfen, „das sich unter dem Opfer der Friedensgaben" befand. Jeder von ihnen mußte außerdem als Opfer einen Bock, ein Schaf und ein Lamm, Körbe mit Brot, Kuchen, Ölkuchen und Wein darbringen. Die gesamten Kosten für fünf solche Opferungen zu zahlen bedeutete eine beträchtliche Summe. Aber Paulus erkannte, was für ein vernünftiger Vorschlag diese öffentliche Rechtfertigung als treuer Jude, und noch dazu als mildtätiger, war. Es würde ihn von Verleumdung befreien und die Ältesten von der Anklage, einen Feind des Gesetzes und Gottes um Geldes willen willkommen geheißen zu haben.
Paulus tat damit praktisch, was er in einem seiner Briefe an die Korinther (1 Kor 9,20–22) angekündigt hatte: „So bin ich den Juden wie ein Jude geworden, um Juden zu gewinnen, den Gesetzesleuten bin ich ein Gesetzesmann geworden, obschon ich gar kein Gesetzesmann bin, um die Gesetzesleute zu gewinnen; den Gesetzlosen ward ich wie ein Gesetzloser, obschon ich vor Gott kein Gesetzloser bin, vielmehr dem Gesetze Christi verpflichtet, um die Gesetzlosen zu gewinnen. Den Schwachen bin ich ein Schwacher geworden, um die Schwachen zu gewinnen; allen bin ich alles geworden, um auf jeden Fall etliche zu retten."
Der Plan schien weise und versöhnlich. Unglücklicherweise wirkte er sich verheerend aus und führte unmittelbar zur Gefangennahme des Apostels und schließlich zu seinem Tod. Zur Zeit eines religiösen Festes ist Jerusalem selbst heute noch ein Pulverfaß; der geringste Funke, wissentlich oder unwissentlich entzündet, kann die Feuer des Fanatismus anfachen. In einem solchen Feuermeer wurde Paulus gefangen.
Alles ging gut bis zum siebten Tag, dem letzten der Absonderung im Tempel. An diesem Tag wurde Paulus von einigen Juden aus Asia erkannt. Sofort

zettelten sie einen Aufruhr an und schrien, wie es solche Aufrührer meist taten, daß ihre heilige Religion gelästert worden sei, daß Paulus den Tempel entweiht habe und sogar so weit gegangen sei, ihn dadurch zu schänden, daß er den Trophimus, einen Heiden aus Ephesus, hineingeführt habe. Man hatte Paulus gesehen, wie er mit ihm in den Straßen der Stadt spazierengegangen war, aber sicher hatte er ihn nicht mit in den Tempel genommen, das heißt in seinen heiligen Bezirk, von dem die Heiden ausdrücklich ausgeschlossen waren durch eine Anzahl von Bekanntmachungen, die in griechischer Sprache in Stein geschnitten waren und sie warnten, daß ein Übertreten der Vorschrift den Tod bedeutete.
Der Aufruhr breitete sich aus, die Fanatiker ergriffen Paulus und schleppten ihn aus dem heiligen Bezirk in den sogenannten Vorhof der Heiden. Die großen Türen des Heiligtums wurden geschlossen. Sie wollten Paulus schon töten, als der Wachtposten in der Burg sah, was geschah, und seinem Vorgesetzten sofort meldete, daß ein Aufruhr im Gang war. Der Offizier rief die Wache heraus und rannte in den großen Vorhof. Beim Anblick der Truppen wich der Mob zurück. Nachdem der Offizier Paulus vor dem Lynchen gerettet hatte, befahl er seinen Leuten, ihn mit Stricken zu sichern, das heißt, ihn zwischen zwei Soldaten zu fesseln. Er fragte die Menge, wer ihr Opfer sei und was er getan habe. Die Hölle brach los, jeder schrie gegen jeden an. Der Offizier befahl den Soldaten, Paulus in die Burg zu bringen.

Diese antike Bronze stellt Berenike, die Schwester des Königs Agrippa II., dar. Sie war berühmt wegen ihrer Schönheit, doch glaubten ihre Zeitgenossen, daß sie mit ihrem Bruder in Blutschande lebte.

Nächste Seite: Dies ist eine Rekonstruktion des Tempels von Jerusalem, den Jesus kannte und der Schauplatz mancher Ereignisse der Evangelien und später des Aufstandes war, der zur Zerstörung von Tempel und Stadt im Jahre 70 n. Chr. durch die Römer führte. Dieser Tempel war der dritte Tempel an der gleichen Stelle: Er wurde von Herodes dem Großen erbaut, der auch die Festung Antonia rechts oberhalb vom Tempel errichtet hatte. Der Eingang zum Tempel führte über Rampen an der Südmauer durch das kuppelförmige Tor in den „Vorhof der Heiden", von dem aus nur Juden weiter zum eigentlichen Tempel gehen durften. Paulus wurde vermutlich die Treppe heruntergeschleift, die im eigentlichen Tempel vom Männer- zum Frauenhof hinabführte (Apg 21,30).

Um zu verstehen, was eigentlich geschah und noch geschehen sollte, ist es notwendig, etwas von der Topographie des Tempels zu erfahren. Das kann durch einen Blick auf das Bild des Tempelmodells geschehen.
Als Herodes den Tempel baute, erweiterte er den äußeren Hof bis zu seiner größten Ausdehnung, das heißt auf etwa 14 ha. Da er nicht aus einer priesterlichen Familie stammte, durfte er selbst die inneren Höfe nicht betreten, und machte deshalb den äußeren Hof so üppig wie möglich. Als Teil dieses Plans erweiterte er ihn nach Norden, so daß er an die Grundmauern seiner großen Burg Antonia angrenzte, genannt nach seinem Patron Marcus Antonius. Das Modell zeigt die Festung deutlich oben rechts. Sie war 320 m lang mit Ecktürmen, von denen drei 25 und der südöstliche 33 m hoch waren. Diese riesige Burg enthielt Kasernen, Innenhöfe und einen üppigen Palast für den Prokurator, wenn er in Jerusalem zu Besuch war. Sie beherrschte den Tempel vollständig, wie es Herodes immer schon beabsichtigt hatte. Von der Antonia führte eine Treppe hinunter zum Dach der Säulenhallen, und eine andre sorgte für einen unmittelbaren Zugang zum Tempel. Es gibt heute noch eine Treppe, die von dem Bezirk aus zum Minarett führt, und wenn man oben auf ihr steht, kann man in genauen Einzelheiten die tödliche Gefahr erkennen, in der Paulus sich befand.
Paulus war gerade noch davongekommen. Aber er war mittlerweile an Aufruhr gewöhnt und daran, daß er der meistgehaßte Mann in der Stadt war. Er wandte sich nun an den Obersten und sagte auf griechisch: „Darf ich ein Wort mit dir reden?" Der entgegnete: „Du verstehst Griechisch? Du bist also nicht der Ägypter, der unlängst einen Aufstand erregt und viertausend Sikarier in die Wüste hinausgeführt hat?" Paulus sagte: „Ich bin ein Jude aus Tarsus, Bürger einer nicht unbedeutenden Stadt in

Cilicien. Ich bitte dich, erlaube mir, zum Volke reden zu dürfen" (Apg 21,37–40). Der Oberst war so überrascht, daß er trotz der Gefahr, die er einging, zustimmte.

Paulus war wieder Herr der Lage. Oben auf der Treppe stehend, wandte er sich an die Menge und, vom Griechischen zum Aramäischen überwechselnd, bat er sie, ruhig zu sein. Die Wirkung des Gebrauchs ihrer eigenen Sprache von den Lippen dieses „Atheisten" war unmittelbar: Die Menge, die bis jetzt laut seinen Tod verlangt hatte, wurde ganz still. Paulus verteidigte vor ihnen sein Leben und sein Verhalten. Er faßte genau und ehrlich zusammen: Geburt in Tarsus, Erziehung in Jerusalem unter Gamaliel, Eifer bei der Verfolgung, Gefangennahme und Hinrichtung von „Häretikern", Reise nach Damaskus, Bekehrung, Rückkehr nach Jerusalem, Verzückung im Tempel, göttlicher Auftrag und Befehl Gottes, Jerusalem zu verlassen trotz seines Protestes, daß er es gewesen war, der der Tötung des Stephanus zugestimmt hatte. Und schließlich Gottes Befehl, zu den Heiden zu gehen...

Im Handumdrehen begann der Aufruhr erneut bei der Erwähnung des Worts „Heiden", begleitet von erneuten Forderungen, Paulus zu töten. Kleider wurden zerrissen, Staub wirbelte hoch. Der Befehlshaber bedauerte seine Nachsicht und ließ Paulus in die Burg bringen. Er befahl, ihn zu „verhören", das heißt zu geißeln, um herauszufinden, was der Kern solch tödlichen Hasses war. Als die Wärter die Riemen bereitlegten, sagte Paulus zu dem diensthabenden Hauptmann: „Ist es euch erlaubt, einen römischen Bürger, dazu noch ohne Richterspruch, zu geißeln?"

Ein Römer! Der Hauptmann eilte zum Obersten der Kaserne, Lysias, der sofort zu Paulus ging. „Sage mir, bist du ein römischer Bürger?" Paulus bestätigte es. Der Oberst sah seinen Gefangenen bitter an. „Ich habe mir", sagte er, „dieses Bürgerrecht um eine große Summe Geldes erworben." „Ich", sagte Paulus, „habe es von Geburt an." Das Geißelkommando wurde schleunigst entlassen, und der arme Oberst war ratlos, wie er die Vorgänge des Tags aufklären könnte. Vielleicht würden die jüdischen Behörden helfen?

Demgemäß wurde am nächsten Morgen der Sanhedrin einberufen und Paulus vorgeladen, vor ihm zu erscheinen. Der Vorsitzende war Ananias, Sohn des Nebedaios, ein ehemaliger Hoherpriester. Er war einer von denen, die im Jahr 52 zu Claudius gesandt worden waren. Er kehrte zurück und trug nach außen schneeweiße Tugend zur Schau. Sofort begann er, seine Autorität zu seinem eigenen unersättlichen Nutzen auszubeuten. Josephus (*Altertümer* XX, 206; *Jüdischer Krieg* II, 243) erzählt, daß, obwohl er nicht regierender Hoherpriester war, sein Ansehen so groß war und seine Habgier so schamlos, daß er und seine Anhänger den größten Teil des Opferfleisches für sich abzweigen konnten.

Das also war der Mann, der die Verhandlung lei-

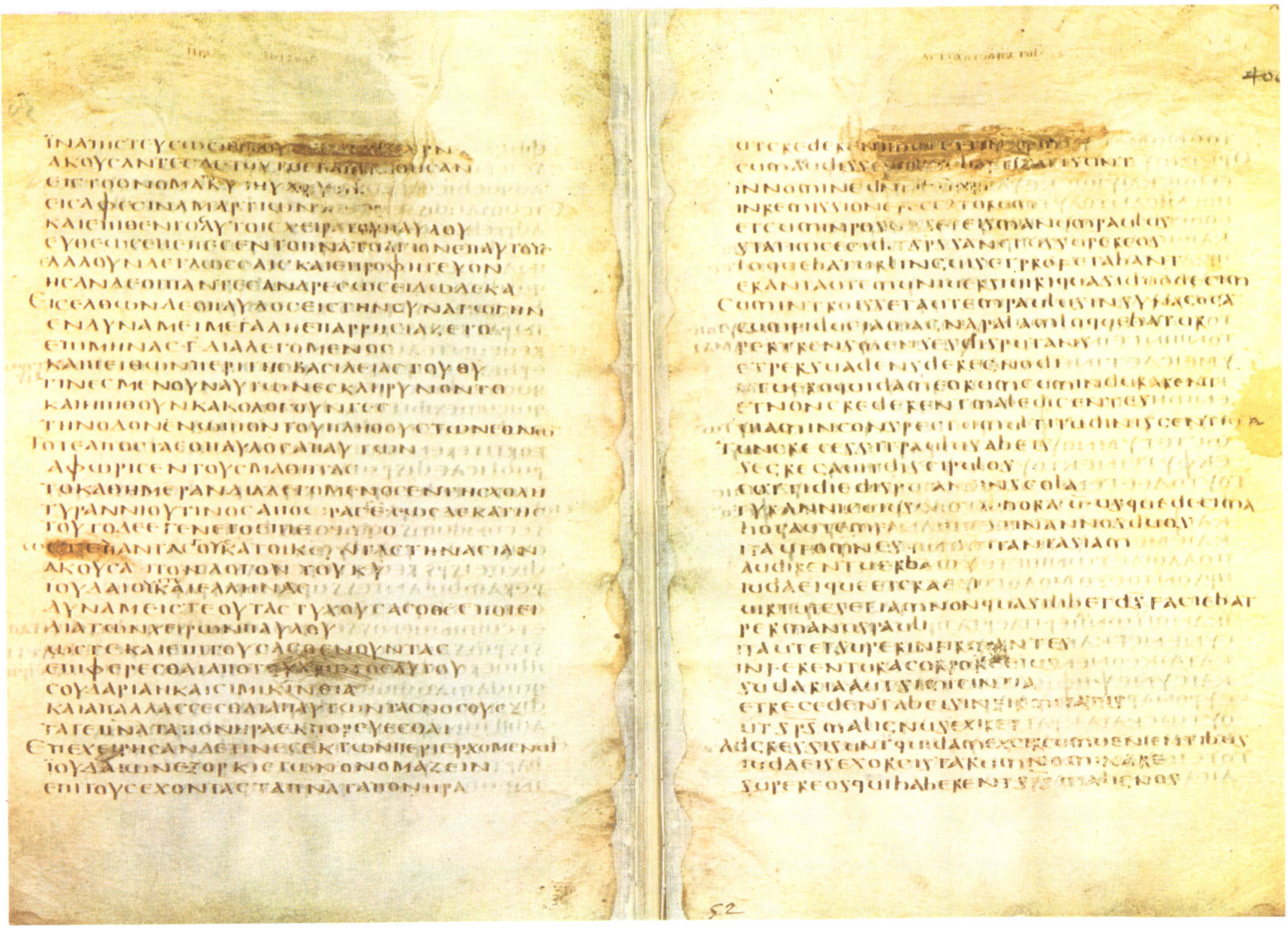

Links oben: Zwei Seiten des im 5. Jh. entstandenen Codex Bezae. Diese griechisch-lateinische Handschrift der Evangelien und der Apostelgeschichte ist deshalb besonders wichtig, weil man annimmt, diese Handschrift enthalte den genauen Text einiger Stellen, die in der Vergangenheit für die Gelehrten strittig waren. Die abgebildeten Seiten enthalten die Stelle der Apostelgeschichte, die von der Predigt des Paulus in Ephesus berichtet.

Links unten: Blick auf die Stadt und Akropolis von Lindos an der Südostküste der Insel Rhodos. Diese wegen ihrer Schönheit, ihres Handels und ihrer Bildungsstätten berühmte Insel war die letzte Station des Paulus auf seiner Reise durch die griechische Welt.

Das Theater in Ephesus konnte 24000 Zuschauer aufnehmen. Hier fand auch der Aufruhr der Silberschmiede statt, die nach der Predigt des Paulus um den Absatz ihrer Statuetten, der „Diana von Ephesus", fürchteten (Apg 19,23ff).

tete. Sobald Paulus anfing zu sprechen, befahl Ananias einem der Anwesenden, ihm auf den Mund zu schlagen. Paulus entgegnete, Ananias sei eine getünchte Wand und Gott würde ihn zerschmettern, da er es wage, gegen das Gesetz zu befehlen, einen nicht für schuldig Erklärten zu schlagen. Der Hohe Rat gab sich entsetzt über diese Beschimpfung von „Gottes Hohempriester". Paulus erwiderte mit ruhiger Ironie, er habe nicht gewußt, daß es ein Hoherpriester war, der so das Gesetz verletzte.

Was aus dieser unbefriedigenden Schimpferei hätte entstehen können, wissen wir nicht. Paulus, der wußte, daß der Sanhedrin sich nicht nur aus der Clique der hohenpriesterlichen Sadduzäer, sondern auch aus einer Anzahl von Pharisäern zusammensetzte, erklärte schlauerweise, daß er Pharisäer sei, was stimmte, und daß, wenn er wegen der Auferstehung der Toten vor Gericht stehe ... Sofort löste sich der Rat in Chaos und Zwiespalt auf. Die Pharisäer sammelten sich notgedrungen zur Verteidigung des Paulus gegen die Sadduzäer, die energisch die Auferstehung oder die Existenz von Engeln und Geistern leugneten, eine so materialistische Gesellschaft waren sie. Als Lysias den Aufruhr hörte (denn der Sanhedrin versammelte sich im Tempelbezirk), schickte er einige Soldaten hinunter, um Paulus zum zweitenmal zu befreien.

Daraufhin verschworen sich 40 Fanatiker, daß sie nicht essen und trinken wollten, bis sie Paulus ermordet hätten. Sie schlugen vor, der Sanhedrin solle fordern, Paulus erneut vor ihn zu bringen, und versprachen, ihn auf dem Weg dorthin zu töten. Aber Gerüchte von der Verschwörung erreichten den Neffen des Paulus, und kühn wie sein Onkel, ging er sogleich zur Antonia und warnte Paulus. Der rief einen der Hauptleute und sagte: „Führe diesen jungen Mann zum Obersten; er hat ihm etwas zu melden." Der Hauptmann tat, wie Paulus ihn gebeten hatte, und erklärte dem erstaunten Obersten, daß er es auf Verlangen des Paulus täte; mit solch sicherer Autorität trat dieser seltsame Gefangene schon auf. Der Oberst nahm den jungen Mann an der Hand und führte ihn beiseite. Er fragte ihn, was er ihm zu sagen habe. Der Neffe des Paulus meldete die Verschwörung und fügte hinzu, daß die Verschwörer nur auf Lysias' Einwilligung warteten. Nachdem Lysias den jungen Mann zum Schweigen verpflichtet hatte, wurde er tätig; er wollte mit diesem römischen Bürger kein Risiko mehr eingehen. Er rief zwei Hauptleute und befahl ihnen, eine Abteilung von 200 Fußsoldaten und 70 Reitern zusammen mit 200 Schützen bereitzustellen und drei Stunden nach Sonnenuntergang aufzubrechen. Paulus sollte mit einigen Reittieren versehen werden, die ihn zum Statthalter Felix nach Cäsarea bringen sollten.

Lysias schrieb eine eilige Note, in der er die Angelegenheit umriß, und schickte sie durch den Geleitführer an Felix. Er fügte hinzu, daß Paulus, soweit er es beurteilen könne, kein Verbrechen begangen habe; seine Ankläger würden bald vor Felix erscheinen. (In seinem Bericht sagt Lysias, daß er Paulus, weil er gewußt habe, daß dieser römischer Bürger war, mit Gewalt befreit habe, während er in Wirklichkeit dessen Bürgerschaft erst später entdeckt hatte. Und er erwähnte die Fesselung und beabsichtigte Geißelung nicht. Diese sehr menschlichen Züge wie auch, daß Lysias den Neffen des Paulus an der Hand nahm, sind sicher Echtheitsstempel des Berichts.)

In Gewaltmärschen erreichte die Gesellschaft Antipatris, die Burg, die Herodes der Große nach seinem Vater Antipater benannt hatte. Sie stand über dem Bach Jarkon, der heute Jerusalem mit Wasser versorgt, zusammen mit dem Wasser aus Salomons Teichen im Süden und dem „Tal des 23. Psalms" im Nordosten. Er ist daher auch als Ras-el-'Ain, „Kopf der Quelle", bekannt. Das Gelände wird von den Ruinen einer mittelalterlichen Burg gekrönt. Antipatris lag fast 50 Meilen von Jerusalem entfernt und fast schon im Schutzbereich Cäsareas; daher überließ es der Haupttrupp den Reitern, Paulus dorthin zu bringen, und kehrte nach Jerusalem zurück.

Bei der Ankunft in Cäsarea wurde Paulus zum Statthalter Felix gebracht. Nachdem dieser den Brief des Lysias gelesen hatte, fragte er Paulus, aus welcher Provinz er komme, worauf Paulus „Cilicien" antwortete. Dann befahl Felix, daß man ihn in dem Palast unterbrachte, den Herodes der Große als Teil des Wiederaufbaus oder vielmehr des Neubaus der Stadt errichtet hatte.

Fünf Tage später erschien Ananias zusammen mit den Ältesten und einem Anwalt, namens Tertullus. Dessen Rede, wie sie uns von Lukas überliefert ist, klingt für jeden, der die Reden moderner palästinensischer Anwälte in ähnlichen Umständen kennt, völlig vertraut. Sie beginnt mit ekelerregender Schmeichelei – er dankt Felix sogar für die herrschende Sicherheit –, vorgetragen mit scheinbarer Bescheidenheit; fährt fort mit wilden Beschuldigungen, die durch nichts gestützt werden und nur wenig Beziehung zu den in Frage stehenden Tatsachen haben, sorgt dafür, die Handlungen und Motive des Untergebenen am Ort (in diesem Fall Lysias) vor der höchsten Autorität schlechtzumachen, und endet mit einem zuversichtlichen Ap-

Die westliche Mauer des Tempels zu Jerusalem ist der bedeutendste Überrest des alten Tempels. Seit 2000 Jahren ist dieser aus massiven Quadern errichtete Teil der Tempelmauer des Herodes für den gläubigen Juden eine heilige Stätte, die als „Klagemauer" bekannt ist.

Die Bucht des heiligen Paulus an der Nordostküste von Malta gilt als der Ort, an dem Paulus auf der Fahrt von Kreta nach Rom Schiffbruch erlitt. Im Vordergrund die Häuser der kleinen Stadt Mistra.

Linke Seite unten: Diese Überreste früherer Herrlichkeit lassen erkennen, daß Tyrus eine der großen Hafenstädte der antiken Welt und der Stolz der Phönizier war. Die Stadt war schon alt, als Rom gegründet wurde. Auf der Rückreise nach Jerusalem legte das Schiff des Paulus hier an, um Waren zu entladen. Und in Tyrus erhielt der Apostel die Nachricht von den Unruhen in Jerusalem und Judäa, so daß seine Jünger versuchten, ihn von der Weiterreise abzuhalten.

Links: Sidon, die Schwesterstadt von Tyrus mit einer ebenso stolzen Vergangenheit, ist heute noch unbedeutender. Hinter dem Fischerboot, das seltsam zeitlos wirkt, liegen die Ruinen einer Kreuzritterburg.

pell an die Gerechtigkeit (Apg 24,2–8). Die Jasager murmelten ihre Unterstützung dieses edlen Ergusses.

Paulus sagte in seiner Antwort, nachdem er taktvoll anerkannt hatte, daß Felix lange Erfahrung bei gesetzlichen Verhandlungen in Judäa besaß, er würde sehr gern für sich selbst antworten. Er sprach in schon vertrauter Weise über seine Herkunft und seinen Glauben, den Glauben an die Auferstehung, und beschrieb dann seine jüngste Ankunft in Jerusalem vor erst zwölf Tagen mit dem Almosen für die Christengemeinde. Er habe nichts Unrechtes getan, nur seine Beteuerung der Auferstehung sei Ursache des Haders gewesen. Felix war von Paulus beeindruckt, er beschloß daher, als guter Bürokrat, Zeit zu gewinnen. Er müsse warten, sagte er, bis Lysias da sei. Inzwischen solle Paulus in Haft bleiben, aber seine Freunde sollten freien Zugang zu ihm haben.

Ein paar Tage später entschlossen sich Felix und seine Gemahlin Drusilla, Paulus erneut zu hören. Paulus hielt eine seiner üblichen Ansprachen, aber als er auf Gerechtigkeit zu sprechen kam, auf Keuschheit und das kommende Gericht, begann Felix zu zittern, sein Gewissen ertrug es nicht. Er wolle Paulus zu andrer Zeit hören, sagte er. Und Felix hörte Paulus immer wieder an in der Hoffnung, daß ein großes Lösegeld als Preis für seine Freiheit beigebracht würde. Anderseits, um Ananias und seiner Partei zu gefallen, hatte er keine Skrupel, einen Mann in Gefangenschaft zu halten, der nach römischem Recht unschuldig war. Zwei Jahre dauerte diese Gefangenschaft, weil Paulus seine Unschuld nicht dadurch bloßstellen wollte, daß er für ihre Anerkennung zahlte. Die Ironie der Geschichte wollte es, daß diese zwei Jahre von unschätzbarem Wert für die Urkirche waren. Sie setzten Paulus instand, die Bande mit den Christen in Palästina und Syrien enger zu knüpfen, und gaben Lukas Gelegenheit, sich aus erster Hand mit den Handlungen und den Erinnerungen der ersten Jünger Christi vertraut zu machen.

Gegen Mitte des Jahrs 60 kam Porcius Festus als Prokurator und Nachfolger des Felix, der nach Rom zurückberufen wurde, nach Judäa. Die Führer der Juden von Cäsarea folgten Felix nach Rom. Sie waren entschlossen, den Cäsar zu bitten, den abgedankten Statthalter zu bestrafen. Es wäre ihnen wohl gelungen, wenn nicht dessen Bruder Pallas, der immer noch beträchtlichen Einfluß bei Nero hatte, vermittelt hätte.

Drei Tage, nachdem Festus seine Hauptstadt Cäsarea erreicht hatte, ging er nach Jerusalem. Die aufgebrachten Hohenpriester, denen es nicht gelungen war, der Hand des Felix ihre Beute zu entreißen, näherten sich dem Nachfolger in der Hoffnung, ihn

fügsamer zu finden. Sie schlugen sogar vor, Paulus nach Jerusalem zurückzuschicken. Sie planten, ihn unterwegs ermorden zu lassen, denn man muß sich erinnern, daß die „Sicherheit", die Tertullus schmeichlerisch gelobt hatte, jetzt völlig zu bestehen aufgehört hatte und daß ein Mord mehr durch die Sikarier leicht und ohne Furcht vor Entdeckung begangen werden konnte. Festus antwortete, er würde die Prälaten, wenn sie nach Cäsarea kommen wollten, anhören. Zehn Tage später ging er in seine Hauptstadt zurück.

Wieder einmal folgten die jüdischen Hierarchen, wieder erhoben sie ihre unbewiesenen Anschuldigungen gegen Paulus. Festus war die Sache leid: sollte sie sich noch einmal zwei Jahre lang hinziehen? Er versuchte zu vermitteln. Würde Paulus zustimmen, in Jerusalem vor Gericht gestellt zu werden, wie es seine Ankläger wollten, vorausgesetzt, daß er, Festus, bei der Verhandlung den Vorsitz führte, so seine Rechte als römischer Bürger sicherstellte und ihn vor jedem Richterspruch außer seinem eignen bewahrte? Paulus lehnte diesen schä-

Die Nordwestecke des Tempelbezirks in Jerusalem im heutigen Zustand.

bigen Ausweg ab. Er war römischer Bürger, ein Unschuldiger, warum sollte er politischer Nützlichkeit geopfert werden? Er appellierte an den Cäsar, wozu er berechtigt war. Festus beriet sich mit seinem Rat. Paulus war im Recht, sagten sie, Paulus hatte an Nero appelliert, und zu Nero mußte er deshalb geschickt werden.

Ein paar Tage später kam Agrippa II. in Cäsarea an. Er kam aus seinem nördlichen Königreich, der früheren Tetrarchie Philipps, des Sohns von Herodes dem Großen, beiderseits der Quelle und der oberen Bereiche des Jordans mit einigen abhängigen Gebieten. Seine Schwester Berenike begleitete ihn, die nun, da ihre verhaßte Schwester Drusilla nicht mehr da war, sich freute, das Land ihrer Vorfahren zu besuchen. Moralisch war sie nicht besser als ihre Schwester. Zweimal verwitwet, hatte sie ihren dritten Gatten verlassen, um, wie allzugut bekannt war, mit ihrem Bruder Agrippa in Blutschande zu leben. (Später wurde sie als Mätresse des Kaisers Titus noch berüchtigter.)

Festus sah eine Gelegenheit, Agrippas Ansehen als jüdischer König und seine Autorität als ein im jüdischen Gesetz Bewanderter zu seinem Vorteil zu nutzen. Agrippa hatte ferner ein Anrecht darauf, beachtet und befragt zu werden, denn obwohl er keine Rechtsmacht in Judäa hatte, besaß er das Vorrecht, die Hohenpriester zu ernennen und die Aufsicht über die heiligen Gewänder auszuüben. Er hatte einen Wohnsitz in Jerusalem. Wenn Paulus vor den Cäsar gehen sollte, dann war es wichtig, daß Festus einen klaren Fall vorbringen konnte. Bei dessen Vorbereitung würde Agrippa eine große Hilfe sein.

Festus bat Agrippa ehrerbietig, bei der Anhörung den Vorsitz zu führen. Als Paulus von Agrippa aufgerufen wurde, „streckte er die Hand aus" – seine charakteristische Geste – und gab noch einmal einen Bericht über seinen Glauben, den an die Auferstehung eingeschlossen, und verteidigte sein Leben und seinen Dienst. Wieder einmal erzählte er die Geschichte seiner Bekehrung und seines Auftrags an die Heiden. Er habe sich, sagte er, streng an die Botschaft der Propheten und des Moses gehalten, „der Messias werde leiden, als Erster von den Toten auferstehen und dem Volke wie den Heiden ein Licht verkünden." Hier rief Festus laut: „Du bist von Sinnen, Paulus; das viele Studieren bringt dich um den gesunden Verstand!" „Ich bin nicht von Sinnen, edler Festus", antwortete Paulus, „die Worte, die ich rede, sind wahr und vernünftig. Der König, vor dem ich so freimütig rede, weiß ja auch in diesen Dingen Bescheid. Denn ich kann nicht glauben, daß ihm etwas davon unbekannt ist, die Sache hat sich ja nicht in einem entlegenen Winkel zugetragen. König Agrippa, glaubst du den Propheten? Ich weiß, du glaubst."

Agrippa sagte scherzend: „Nächstens wirst du mich durch deine Überredung noch zum Christen machen." Paulus sagte: „Wollte Gott, daß über kurz oder lang nicht bloß du, sondern alle, die mich heute hören, so würden, wie ich bin, diese Fesseln ausgenommen."

Das beendete die Sitzung. Der König und der Statthalter mit Berenike und ihrem Gefolge verließen den Gerichtshof. In privatem Gespräch waren sie sich einig, daß Paulus nichts getan hatte, was Tod oder auch nur Gefängnis verdiente. Agrippa sagte zu Festus, daß Paulus, hätte er nicht den Cäsar angerufen, in Freiheit gesetzt werden könnte. Das war nur eine andre Art, Festus zu versichern, daß dieser nun Paulus los sei und sich damit beruhigen könne (Apg 26,32). Und so brach Paulus zur letzten Station seiner Lebensreise nach Rom auf. Es war das Jahr 60.

Oben: Die Vorliebe der reichen Römer für kostbare Innendekoration der Wohnräume erkennt man an diesem berühmten Mosaik in den Ruinen von Herculanum. Die Darstellung zeigt in dekorativer Rahmung den Meergott Poseidon und seine Gefährtin Amphitrite.

Rechts: Dieses Mosaik des Dichters Vergil zwischen den Gestalten der epischen und der tragischen Muse stammt aus Sousse in Tunesien. Im Gegensatz zu der bekannten Porträtbüste des Dichters im Kapitolinischen Museum (S. 131) ist der Verfasser der „Äneis", der Sohn eines Töpfers und häßlich gewesen sein soll, hier wohl ziemlich getreu dargestellt. Die Dichter Horaz und Vergil verkörpern die lichtere Seite der römischen Welt unter den ersten Kaisern.

Nächste Seite: Die Bucht von Neapel mit dem Vesuv im Hintergrund. Das Schiff des Paulus segelte nach Pozzuoli an der Nordseite der Bucht, vorbei an den Städten Herculanum und Pompeji, die beim Vesuvausbruch des Jahres 79 für Jahrhunderte verschüttet wurden.

Gefährliche Seefahrt nach Rom

Die Reise, zu der aufzubrechen Paulus im Begriff stand, sollte sich als eine der wichtigsten erweisen, die je von einem Menschen unternommen worden ist. Sie sollte eine Entdeckungsreise werden, die im geistlichen Bereich so wichtig, so folgenreich werden sollte wie die von Kolumbus oder Cook für die rein menschliche Entwicklung.

Bevor wir uns aber mit Paulus und Lukas zu dieser schicksalhaften Seereise einschiffen, wird es gut sein, uns darüber klarzuwerden, warum Paulus sie unternahm. Seine Beweggründe und seine Entschlossenheit können leicht durch die tatsächliche Art seines Aufbruchs verdeckt werden. Schließlich war er ja nicht mehr Herr seiner Entschlüsse; er war Gefangener, unter Arrest auf seinem Weg nach Rom. Wessen er eigentlich angeklagt war, schien keiner zu wissen, daß er aber ein Unruhestifter war in einem Land, wo schon genug Unruhe gestiftet worden war, darüber gab es keinen Zweifel. Es gab auch keinen Zweifel darüber, daß er, wäre er nur zu einem Kompromiß bereit gewesen, die Reise überhaupt nicht hätte anzutreten brauchen. Ausschlaggebend ist, daß Paulus fest entschlossen war, Rom zu erreichen. Er hatte den Entschluß schon einige Zeit vorher gefaßt, hatte ihn seinen Jüngern angekündigt; er wollte sich nicht davon abbringen lassen. Wie er nach der Hauptstadt der Welt kommen sollte, war für einen schon „im Geist gebundenen" Mann zweitrangig und völlig unerheblich.

Was steckt hinter diesem unerschütterlichen Entschluß? Die positive Seite werden wir in Kürze untersuchen, wenn wir Rom erreichen; aber es sollte auch etwas gesagt werden über die negative Seite, wie man sie wohl nennen kann, weil sie nicht nur die geistliche Zielstrebigkeit des Paulus, sondern auch seinen Scharfsinn klar hervortreten läßt.

Daß sich Paulus und die Ältesten in Jerusalem keineswegs einig waren, ist schon deutlich geworden. Die Ältesten waren konservativ, Paulus war ein Erneuerer. Wie er seinen geliebten Philippern erklärte (3,13): „... ich vergesse, was hinter mir liegt, und strecke mich aus nach dem, was vor mir liegt, dem Ziele jage ich nach, dem Siegespreis der himmlischen Berufung Gottes in Christus Jesus." Das scheint uns einfach genug, fast alltäglich; aber für die Zeitgenossen war es völlig neu, weil man in der ganzen Antike von den Tagen Hesiods im 8. Jahrhundert v. Chr. bis zu denen Dios im 2. Jahrhundert n. Chr. sich die „guten Tage", „das goldene Zeitalter", immer als in der Vergangenheit liegend vorgestellt hatte. Wenn jemand wie Vergil künftige Glückseligkeit vorhersagen wollte, tat er es nicht durch Ankündigung eines Neuen, sondern durch Beschwörung der Vorzeit.

Diese grundlegende Unterschiedlichkeit im Ausblick, diese Verschiedenheit in der Ausrichtung mußten jede wirkliche Übereinstimmung zwischen Paulus und den Jerusalemer Ältesten unmöglich machen. Aber es gab noch mehr. Paulus mit seiner internationalen Erfahrung erkannte, daß die Kirche von Jerusalem als Mutterkirche, als kirchlicher Mittelpunkt nicht lebensfähig war. Sie würde, das spürte er, dahinwelken. Er mag nicht gespürt haben, wie das geschehen sollte, aber er hatte recht, wenn er glaubte, daß es so sein würde.

Die erste Stufe des Niedergangs war kaum vorauszusehen. Im Jahr 62 starb Festus im Amt. Wieder einmal, wie bei der Rückberufung des Pilatus, bedeutete das ein Interregnum, und wieder wurde es zum Vorgehen gegen die Christen ausgenutzt. Das ist kein Zufall. Es führt in der Tat zu der Frage,

Der Martyrertod des Jakobus, des „Herrenbruders" (MK 6,3), Gemälde von Mantegna. Jakobus war zusammen mit Petrus der Führer der christlichen Gemeinde in Jerusalem, den die Sadduzäer mit ihrem Haß verfolgten. Auf Anstiften des Sanhedrin, des Hohen Rates, wurde er unter König Agrippa II. hingerichtet.

Rechts: Tempel der Vesta auf dem Forum in Rom. Er ist ein Beispiel für die vielen baulichen Veränderungen in der Stadt während der Kaiserzeit, denn Paulus sah zwar einen Tempel der Göttin des Herdfeuers an dieser Stelle, aber es war ein älterer Tempel, der noch nicht die elegante Leichtigkeit dieses Gebäudes besaß.

Unten: Apsismosaik in der Kirche „St. Paul vor den Mauern" in Rom.

Nächste Seite oben: Blick vom Forum auf den Triumphbogen des Caligula in Pompeji. Da die Stadt beim Vesuvausbruch verschüttet wurde, hat sich hier das Bild einer römischen Stadt zu der Zeit, als Paulus nach Rom reiste, besonders gut erhalten.

Nächste Seite unten: Die Gedächtniskirche des Apostels Paulus liegt südlich von Rom außerhalb der alten Mauern. Die Gedächtniskirche des Petrus, der weltberühmte Petersdom (unser Bild), ist heute Mittelpunkt der christlichen Kirche, für die die Apostelfürsten Petrus und Paulus ihr Leben gaben.

warum die Urkirche nicht häufiger verfolgt worden war. Die Antwort findet sich in Tertullians Apologeticum.

Tiberius, zu dessen Zeit der Name Christ zum erstenmal in der Welt gehört wurde, brachte, als er Nachrichten aus Palästina erhielt (die die Wahrheit der Göttlichkeit Christi bekanntmachten), die Angelegenheit vor den Senat und beanspruchte für die Vorrang als Reichsangelegenheit. Der Senat aber verwarf den Antrag, weil er ihn nicht selbst eingebracht hatte. Der Kaiser blieb jedoch bei seinem Entschluß und ließ eine Warnung ergehen an alle, die Christen anklagen sollten. Dazu bemerkt Crehan: „Man sieht, daß der Satz über ‚die Wahrheit der Göttlichkeit Christi' von Tertullian selbst stammt. Was Tiberius in seiner Botschaft an den Senat geschrieben hat, kann man nur mutmaßen. Der Senat pflegte Mißfallen zu zeigen, wenn er eine Angelegenheit, auf die sich der Kaiser bezog, nicht selbst eingebracht hatte. Daß der Kaiser dann ein Edikt erließ, um die Sache in Palästina zu drosseln, braucht nicht zu verwundern. Die Stelle bei Tertullian findet sich bei Eusebius und auch bei Orosius und im Chronicon Paschale, wo das Ereignis zu Recht oder Unrecht auf das Jahr 35 datiert wird."

Wenn also antichristliche Bewegungen verboten waren, mußte ein Interregnum jenen, die sie anzetteln wollten, als Gottesgeschenk erscheinen. Es geschah, daß beim Tod des Festus der Hohepriester des Jahrs (denn Agrippa II. war gezwungen worden, den Extremisten wenigstens das zuzugestehen) Ananus war, einer der fünf Söhne des Hohenpriesters Annas aus der Bibel. Alle fünf sollten das oberste Pontifikat erlangen. Ananus war ein unbeugsamer Sadduzäer und besaß neben dem angehäuften Stolz seiner Familie auch noch eine rachsüchtige eigene Überheblichkeit. Wie im Jahr 37 war man entschlossen, die Zwischenzeit, in der es keine örtliche römische Autorität gab, zu nutzen. Während der Nachfolger des Festus unterwegs war, nahm Ananus völlig ungesetzlich die Ältesten der christlichen Gemeinde, darunter ihren Führer, „den Bruder Jesu, der Christus genannt wurde, namens Jakobus", gefangen. (Dies ist nicht die einzige Erwähnung Jesu bei Josephus, aber dennoch eine sehr bedeutsame; *Altertümer* XX, IX, 1.) Paulus der Pharisäer war ihren Schlingen entgangen; Ananus sollte sich an denen rächen, die Paulus aufgenommen und ermutigt hatten.

20 Jahre lang seit der Hinrichtung des Jakobus, Sohn des Zebedäus, durch Agrippa I. und der versuchten Tötung des Petrus war die Kirche unbehelligt geblieben. Während dieser ganzen Zeit war Jakobus, der Bruder Jesu, ihr Haupt gewesen. Seine Askese, seine strenge Beachtung des Gesetzes, seine

Diese Altarreliefs in der Kirche S. Giustina in Padua wurden im 16. Jh. von dem französischen Künstler Richard Taurin geschaffen. Dargestellt sind die Bekehrung, die Predigt und die Gefangennahme des Paulus (von links nach rechts).

heiligmäßige Güte, alle diese Tugenden waren für die Sadduzäer kein Ausgleich für die Tatsache, daß er in Verbindung mit Gesellschaften stand, die Bekehrte ohne volle Übereinstimmung mit dem Gesetz zuließen. Daß seine Lebensführung der ihren klar überlegen war, daß er Empfänger von Geldern war, auf die sie nicht Hand legen konnten, das machte ihn zum Opfer ihres Hasses.
Nach dem Verhör vor einem überfüllten Sanhedrin wurde Jakobus eiligst zur Südostecke des Tempels geschleppt, auf den ungeweihten Boden darunter geworfen, gesteinigt und erhielt den Gnadenstoß durch den Schlegel eines Walkers. „Die gerechtesten Bürger", sagt Josephus, „waren entsetzt über diese ungesetzliche Schlächterei."
Daß die Kirche so ihres Hauptes beraubt war, war ein schwerer Schlag, aber Schlimmeres sollte folgen. Wie wir schon gesehen haben und wie Paulus aus eigener Erfahrung schmerzlich wußte, schwand die Sicherheit dahin und entflammte Fanatismus die Bevölkerung. Und Rom beschleunigte durch korrupte und unvernünftige Diener noch die unvermeidliche Katastrophe. Wie Tacitus es in einem berühmten Satz ausdrückt (*Historiae* V, 10): „Die Geduld der Juden hielt stand bis zur Zeit des Gessius Florus" (des letzten der Prokuratoren, 64 ernannt), „dann brach der Krieg aus." Das war im Jahr 66.
Die Feindseligkeiten begannen mit der Niederlage des römischen Statthalters von Syrien, Cestius Gallus, nach der viele prominente Juden Jerusalem, „das sinkende Schiff", verließen. Mit ihnen ging die kleine Christengemeinde. Ihr Meister hatte sie gelehrt, dem Cäsar zu geben, was des Cäsars ist. Sie konnte sich an einer Erhebung gegen Rom nicht beteiligen. Gleichzeitig hatte die kürzliche Ermordung des Jakobus gezeigt, daß von den Gegnern Roms keine Milde zu erwarten war. Die Christen verließen daher Jerusalem, überquerten den Jordan und ließen sich in Pella, heute Tel el-Fahl, nieder, in der fruchtbaren Ebene am Ostufer des Jordans, fast gegenüber von Beisan. Pella war eine Stadt der Dekapolis, das heißt, sie war vorwiegend griechisch, scheint aber zu dieser Zeit ein Teil des Herrschaftsgebiets Agrippas gewesen zu sein. Agrippa hatte, da er zudem damit beschäftigt war, wenn auch ohne Erfolg, die Rolle des Vermittlers zu spielen, nicht den Wunsch, gegen irgend jemand Gewalt zu üben. Im Gegenteil ist es sein Verdienst, daß er alles tat, um die Gewalt zu beenden.
Es mißlang ihm, und der schreckliche Krieg ging fünf Jahre lang unerbittlich weiter, bis Jerusalem in Trümmern lag. (Der letzte jüdische Stützpunkt ging erst zwei Jahre danach unter.)
An der Spitze der kleinen Kirche stand jetzt Symeon, ein Neffe von Jakobus, dem Herrenbruder; in den ersten Tagen des Christentums wurde beinahe eine Art Kalifat, eine Erbfolge, errichtet. Und so stand Symeon, als die Christen nach Jerusalem zurückkehrten, den kleinen Versammlungen vor, die in einem Haus auf dem Gelände abgehalten wurden, auf dem sich auch der Raum des letzten Abendmahls befunden hatte.

Wir erkennen in der Entwicklung der Bedeutung dieser Kirche und ihrer Abenteuer, wie recht Paulus und seine Mission hatten. Zwar war die Jerusalemer Kirche klug gewesen, sie war unterwürfig gewesen, sie hatte überlebt. Aber sie war weniger denn je die große Kirche, die Paulus sich vorstellte, die Kirche, die für ihn wesentliche Erfüllung seiner weltweiten Mission war. Denn einmal war sie schwach und eingekapselt, und dann war sie völlig jüdisch; und zwar so sehr, daß Symeon, als er 107 das Martyrium erlitt, nicht als Christ, sondern als Jude getötet wurde, als Nachkomme Davids und daher als möglicher Sammelpunkt des jüdischen Nationalismus.
Es ist nicht nötig, zu bekräftigen, daß Jerusalem niemals das Zentrum der universalen Kirche des Paulus sein konnte. Tatsächlich sollte der jüdische Nationalismus, für das Judentum verhängnisvoll, im nächsten Jahrhundert wiederbelebt werden. In dieser unseligen Zeit sollten die Hauptstätten der christlichen Verehrung, die der Geburt zu Bethlehem und des Grabs in Jerusalem, ausgelöscht werden. Erst im 4. Jahrhundert wurden sie gerettet und herrlich geschmückt durch Helena, die Mutter des christlichen Kaisers Konstantin. Aber zu der Zeit war Rom schon lange zum anerkannten Mittelpunkt des Christentums geworden und sein Bischof zum Haupt seiner Kollegen. Jerusalem stand nicht einmal an zweiter Stelle, diesen Platz besetzte Konstantinopel, das Neue Rom. Jerusalem errang auch niemals wieder eine Vorrangstellung.
So hat die Geschichte die Weitsichtigkeit des Paulus bestätigt. Und nur ein paar Jahre später, nämlich schon im Jahr 95 oder 96, das heißt also wenig mehr als eine Generation nach seinem Tod, sehen wir, daß der Bischof von Rom, Klemens, einen Brief an die Kirche von Korinth schreibt, in dem er den Christen dort Vorwürfe wegen einiger entlassener Presbyter macht und, ohne es ausdrücklich zu sagen, voraussetzt, daß er als Bischof von Rom berechtigt ist, ihnen autoritative Weisungen zu geben. Man kann sich nicht vorstellen, daß der Bischof von Korinth im gleichen Ton an die Kirche in Rom geschrieben hätte. Wie man richtig gesagt hat, wurde der Vorrang der Kirche von Rom gefühlt, bevor er definiert wurde. Damit war die Voraussicht des Paulus bestätigt, sein großer Ehrgeiz erfüllt.
Um nun auf Paulus selbst zurückzukommen: wir

lesen in Apg 27,1 unmittelbar nach der Beschreibung der Besprechung bei Agrippa im vorhergehenden Kapitel: „Als unsere Abfahrt nach Italien festgesetzt war..." Das Wort „unsere" zeigt, daß Lukas wieder bei Paulus war. (Die Apostelgeschichte umfaßt 1005 Verse, von denen 97, also etwa ein Zehntel des Buchs, in der 1. Person Plural geschrieben sind.) Die tatsächliche Reise nach Rom, so voller Ereignisse und so dramatisch, der berühmteste Schiffbruch in der Geschichte mit eingeschlossen, wird von Lukas bis ins einzelne geschildert. Nicht weniger als 60 Verse befassen sich damit.

Warum diese Herausstellung einer bloßen Reise? Verschiedene Gründe können angenommen werden. Lukas reizte als Griechen natürlich jedes Seeabenteuer. Er wünscht auch, daß sein Freund Theophilus erkennt, wie leicht diese Reise ihm hätte schaden können. „Wenn Paulus ertrunken wäre", mochte er bedenken, „würde ich jetzt nicht Christ sein." Aber vor allem ist Lukas überzeugt, daß diese Reise die bei weitem wichtigste von allen in seinem Buch beschriebenen war.

„Als unsere Abfahrt nach Italien festgesetzt war, übergab man Paulus mit noch anderen Gefangenen einem Hauptmann von der kaiserlichen Kohorte namens Julius." Entsprechend seiner Gewohnheit zeigt Lukas, daß der Hauptmann auf gutem Fuß mit Paulus stand; mit dem guten Römer, der immer so trefflich mit Römern auskam; woraus sich für Lukas eine Folgerung ergibt, die so wichtig für seine ganze Haltung ist, daß es nämlich in der christlichen Botschaft nichts gibt, was den Römern feindlich wäre. Julius ist der letzte, wenn auch nicht der geringste Zeuge für diese grundlegende These. Was genau die „kaiserliche Kohorte" war, wissen wir nicht. Sie kann eine der fünf damals ständig in Judäa stationierten Kohorten gewesen sein oder eine Kohorte der Prätorianischen Garde, deren Befehlshaber Julius war, oder eine Abteilung, die eine Ehrenwache für Festus gebildet hatte und nun auf dem Rückweg nach Rom war. Die „andern Gefangenen" waren wahrscheinlich gemeine Verbrecher, die zum Abschlachten in den Theatern Roms bestimmt waren.

Der Herbst zog heran, und bald würde das Meer für die Schiffahrt geschlossen werden. Plinius erzählt uns (II,47), daß früher die Piraten (die Pompeius ausgerottet hatte) die ersten waren, die sich im Winter hinauswagten. Ihnen folgten in seiner eigenen Zeit die Geizhälse, das heißt die Hasardeure. Herodes der Große hatte eine winterliche Seereise im Jahr 40 v. Chr. gewagt, als es sich darum handelte, seinen Thron zu retten; und wie gewöhnlich hatte dieser bemerkenswerte Mann auch Erfolg damit. Josephus, der uns die Geschichte erzählt, war

nicht so glücklich. Er machte die gleiche Reise wie Paulus, vier Jahre später, und wurde schiffbrüchig. Aus einer Schiffsbesatzung von 600 überlebten nur 80, darunter Josephus.

Die Griechen waren immer Seefahrer gewesen, die Römer dagegen haßten das Meer. Ihr Reich war ein Landreich, das von den römischen Straßen zusammengehalten wurde. Selbst wenn eine Seereise kürzer war, wie z. B. zwischen Italien und Spanien, zogen sie bewußt den Umweg über Land vor. Es war daher nicht überraschend, daß in Cäsarea kein Schiff auf der direkten Route nach Italien verfügbar war. Das Beste, was Julius finden konnte, war ein griechisches Schiff aus Adramyttium, einem Hafen am unteren Teil der gleichnamigen Bucht östlich von Assos. Diese Stadt war ein bedeutendes Zentrum und Tagungsort der Versammlung *(conventus)* des westlichen Asiens. Zusammen mit Paulus und den andern Gefangenen schifften sich Lukas und Aristarch von Thessalonich, der an dem Tumult in Ephesus beteiligt gewesen war, ein. Diese beiden fuhren entweder als private Passagiere mit oder hatten wahrscheinlicher freie Fahrt als fiktive „Sklaven" des Paulus, dem als römischem Bürger selbst in der Gefangenschaft zwei Diener zustanden.

Am Tag nach der Abreise aus Cäsarea legten sie in Sidon an, der Zwillingsstadt von Tyrus und bekannt als Geburtsort der Königin Dido von Karthago. Paulus hatte bereits die Freundschaft des Julius gewonnen, der ihm erlaubte, an Land zu gehen und seine Freunde zu besuchen. Am nächsten Tag traf das Schiff auf widrige Winde. Anstatt unmittelbar auf Myra, südlich an Cypern vorbei, zu steuern, mußten sie sich östlich von ihm halten, um Schutz vor den westlichen Winden zu haben. Die Schiffe des Altertums konnten nicht „hart am Wind" segeln und kaum im Wind wenden. Daher wurden Paulus und seine Gefährten nach Cilicien getrieben und krochen dann die Küste entlang nach Myra. Dieser Hafen war ein bekannter Zufluchtshafen vor den vorherrschenden westlichen Winden. Wenig ist heute von ihm übriggeblieben; aber aus den Ruinen des Theaters, von dem noch 47 Sitzreihen zu erkennen sind, kann man sich ein Urteil über seine frühere Größe und seine Wohlhabenheit machen. Seinen heutigen Ruf verdankt er der Tatsache, daß der heilige Nikolaus einmal dort Bischof war, worauf die türkische Regierung zu Recht stolz ist.

Blick über das Jordantal nach Süden zum Toten Meer. Da es nach der Hinrichtung des Jakobus in Jerusalem für jemanden, der das Mißfallen der sadduzäischen Priesterschaft erregt hatte, keine Sicherheit mehr gab, verließ die Gemeinde der Christen, und auch manche Juden, die Stadt. Sie ließen sich in Pella am Ostufer des Jordan nieder.

In Myra mußte sich der Hauptmann nach einem andern Schiff umsehen, weil das, mit dem sie von Cäsarea gekommen waren, nicht weiterfuhr. Zum Glück, wie es schien, fand er ein Handelsschiff, antikes Gegenstück zu einem Tee-Klipper, das sich in dem sehr einträglichen Getreidehandel zwischen Ägypten und Italien betätigte. Dieser Handel war lebenswichtig für Rom. Als Augustus nach der Schlacht bei Aktium im Jahr 31 v. Chr. Herr Ägyptens wurde, sorgte er dafür, das Land als persönliche Pfründe zu behalten, denn er wußte, daß jeder, der Kontrolle über Ägypten und seine Getreideschätze gewann, Rom erpressen konnte. Und nur ein paar Jahre nach der Reise des Paulus tat Neros Oberbefehlshaber des römischen Heers in Palästina, Vespasian, genau das und machte sich dadurch im Jahr 69 zum Kaiser von Rom.

Das Schiff faßte etwa 300 Tonnen, mit einem Hauptmast mittschiffs und einem kleinen Vormast im Bug. Es war schon mit Getreide beladen und mußte nun noch Julius und seine Mannschaft unterbringen. Wie viele genau dazugehörten, ist nicht klar. Die meisten Handschriften geben 276 als volle Besatzung an, aber der Beza-Text „etwa 76", was in Anbetracht der Jahreszeit und des Raums realistischer scheint.

Der Wind blieb widrig, und erst nach „mehreren Tagen" erreichte das Schiff Knidos auf dem Festland gegenüber Kos. Im Altertum war Knidos bekannt als erste Gemeinde, in der der nackte weibliche Körper dargestellt wurde. Praxiteles hatte eine herrliche Statue der Aphrodite geschaffen, die erste ihrer Art, weil außer in Sparta nur Männer und männliche Statuen nackt waren. Diese Statue bot er der Insel Kos an. Die pedantischen Insulaner (deren zarte Textilien notorisch enthüllend waren), lehnten ab, woraufhin die Einwohner von Knidos sich der Marmoraphrodite bemächtigten und gut daran

Unten links: „Gebt daher dem Kaiser..." Dieser Satz aus der Lehre Jesu ist einer der Gründe für die Auswanderung der Christen aus Jerusalem, denn weder konnten sie von ihren Gegnern Schonung erwarten noch sich erfolgreich zur Wehr setzen. Kaiser in dieser Zeit war Nero (unser Bild), der für die erste offizielle Christenverfolgung im römischen Weltreich verantwortlich war.

Unten rechts: Die Geburtskirche zu Bethlehem wurde im 4. Jh. an der Stelle unter Kaiser Konstantin errichtet, wo man den Ort der Geburt Jesu vermutete. Im 6. Jh. wurde diese Kirche unter Kaiser Justinian erneuert.

Nächste Seite: Ein Lastschiff wird mit Fracht beladen, Mosaik aus Ostia, dem alten Hafen Roms. Die Darstellung gibt einen guten Eindruck vom Aussehen der Schiffe, mit denen Paulus reiste.

taten, wie ein daraus sich ergebender Besucherstrom bewies.
Um, wenn möglich, eine leichtere Route zu finden, segelte der Kapitän südwärts, in der Hoffnung, Kreta im Lee, das heißt südlich, zu umsegeln. Aber nur mit Mühe erreichten sie „Schönhafen" auf Kreta in der Nähe der Stadt Lasäa. „Schönhafen" ist eine hübsche kleine, sandige Bucht, wie ein Hufeisen geformt. Es war ein sicherer Ankerplatz, aber kaum geeignet für einen längeren Aufenthalt. Und die Reisenden hätten dort wegen des Winters etwa fünf Monate bleiben müssen. Das hätte bedeutet, die Getreidefracht zu entladen und in wetterfesten Scheunen zu lagern, während man das Schiff hätte auf den Strand ziehen und Mast und Takelwerk bergen müssen. „Schönhafen" bot kaum Möglichkeiten für einen solchen Aufenthalt. Dennoch drängte Paulus, der große Erfahrung mit Schiffsreisen und auch mit Schiffbrüchen hatte, in „Schönhafen" zu bleiben, wo sie schon einige Zeit verbracht hatten. Er wies darauf hin, daß der Versöhnungstag (Jom Chippur, 10. Tischri, etwa Ende September oder Anfang Oktober) schon vorbei war und daß eine Weiterfahrt nicht nur für Schiff und Ladung, sondern auch für sie alle gefährlich sei.
Die Seeleute wußten das natürlich auch, meinten aber, daß sie es, da sie schon soviel Zeit in „Schönhafen" verschwendet hatten, wenigstens wagen könnten, 40 Meilen weiter westwärts zu segeln und in Phönix (Port Lutro) zu überwintern, wo sie angemessene Möglichkeiten für Schiff, Ladung und Besatzung finden würden. Man hielt eine Besprechung ab, die der Hauptmann leitete. Der Kapitän des Schiffs, der Steuermann und Paulus selbst waren anwesend. Da sowohl der Kapitän wie der Steuermann sich für den Plan aussprachen, fühlte der Hauptmann, der zwar den Befehl über das Unternehmen hatte, aber Landratte war, sich verpflichtet, ihnen beizupflichten. Zufällig wehte jetzt auch ein trügerischer Südwind, der das Vorhaben zu begünstigen schien. So brachen sie auf.
Und dann brach das Unheil herein. Plötzlich fegte der gefürchtete Nordoststurm, der sogenannte Euroklydon, über sie hinweg. Es war hoffnungslos, gegen einen solchen Sturm Fahrt gewinnen zu wollen, sie konnten das Schiff nur einfach treiben lassen. Bald fanden sie sich auf der Höhe der Insel Kauda, in deren Windschatten sie eine kurze Atempause fanden. Das ermöglichte es ihnen, das Rettungsboot an Bord zu holen, kein leichtes Unterfangen bei der See. Dann „gürteten" sie das Schiff. Dieser Vorgang hat Anlaß zu Meinungsverschiedenheiten gegeben darüber, wie die Taue befestigt wurden, ob unter der Brüstung der Bordwand rings

um das Schiff (wie Holzner glaubt) oder unter dem Kiel. Das berühmte „Schiffsrelief" in Lindos auf der Insel Rhodos läßt aber klar erkennen, daß die Taue unter dem Kiel durchgezogen wurden, um zu verhindern, daß die Spanten sich lösten. Da die Gefahr bestand, daß das Schiff in die Syrte geriet zwischen Tripolitanien und Cyrene, wo hinter dem Treibsand nichts als grenzenlose Wüste lag, zog man die Segel ein und überließ den Schiffsrumpf der Gewalt des Sturms. Am nächsten Tag begannen sie, das Schiff leichter zu machen, indem sie Getreide über Bord warfen. Am dritten Tag, so erzählt uns Lukas, half er selbst mit, das Schiffsgerät hinauszuschleudern (Apg 27,19).

Einige Tage lang trieb das Schiff dahin. Niemand wußte, wo sie waren, denn die Sonne war tagsüber verborgen und die Sterne nachts. Allmählich gaben sie jede Hoffnung auf zu überleben, sie hatten nicht einmal mehr die Kraft zu essen. Schließlich übernahm Paulus, wie so oft, das Kommando. Er konnte sich nicht enthalten, zum Kapitän und den Seeleuten zu sagen: „Männer, man hätte mir folgen sollen", fuhr aber gleich fort zu sagen, daß alle sicher durchkommen würden, ein Engel Gottes habe ihm diese Versicherung gegeben. Nur das Schiff würde verlorengehen, die Schiffsbesatzung aber würde auf eine Insel geworfen werden.

In der Mitte der vierzehnten Nacht nach dem Verlassen Kretas glaubte die Mannschaft, daß sie sich dem Land näherten, über dem Heulen des Sturms konnte man das Donnern der Brandung hören. Sofort warf man das Senkblei. Und richtig zeigte die Leine nur 20 Faden, etwa 40 Meter. Ein wenig weiter verminderte sich die Tiefe auf 15 Faden: das Land war nah. Aber auf die Felsen geworfen zu werden bedeutete sicheren Tod. Die Mannschaft warf daher vom Achterdeck aus vier Anker, und man wartete sehnsüchtig auf die Morgendämmerung. Einige der Matrosen beschlossen, sich wenigstens jetzt um ihre eigene Sicherheit zu kümmern. Sie gaben vor, vom Bug aus Anker zu werfen, was nur mit Hilfe des Rettungsboots geschehen konnte, und sie fingen an, es hinunterzulassen. Paulus, der wußte, was sie im Schilde führten, sagte sofort zu Julius und den Soldaten: „Wenn diese nicht im Schiffe bleiben, könnt ihr nicht gerettet werden." Sofort kappten die Soldaten die Taue des Rettungsboots und ließen es ins Meer fallen.

Paulus war jetzt in seinem Element. Als die Dämmerung hereinbrach, nahm er die Dinge in die Hand. Wenn, wie er voraussah, das Schiff zerschellen sollte, würde das für Passagiere und Besatzung Schwimmen bedeuten. Sie würden dafür alle Kraft gebrauchen. Daher forderte er sie auf, etwas zu essen. Er selbst ging mit gutem Beispiel voran, brach vor ihnen allen Brot und dankte Gott dafür. Das ermunterte sie, und sie aßen ebenfalls. Als sie genug gegessen hatten, warfen sie den Rest des Weizens über Bord.

Es war jetzt hell. Der Kapitän erkannte das Land nicht, auch die andern nicht; aber durch einen glücklichen Zufall fanden sie sich am Eingang einer Bucht mit einem Sandstrand im Innern und nicht mit jenen grausamen Felsen. Dieser Strand würde gerade genug Platz bieten, um das Schiff dort auflaufen zu lassen, wenn sie es dorthin bekamen. So lichteten sie die Anker, hißten das Vordersegel, lösten die Riemen von den Steuerrudern und hielten auf die Küste zu. Aber der Sturm blies immer noch von Osten, so daß das Schiff statt gegen den Strand, leewärts getrieben wurde auf eine Landzunge zu zwischen den beiden Meeresarmen. Dort lief es auf und fing an, auseinanderzubrechen. Die Soldaten wollten die Gefangenen töten, um ihre Flucht zu verhindern; aber Julius, entschlossen, Paulus zu retten, befahl allen, die schwimmen konnten, sich ins Meer zu stürzen und zum Strand zu schwimmen, der ganz nahe war, während die übrigen sich an Bretter und zerbrochenes Schiffsholz klammern sollten. Auf diese Weise kamen alle sicher ans Ufer.

So endete dieser berühmteste Schiffbruch in der Geschichte. „Als wir gerettet waren, erfuhren wir, daß die Insel Malta hieß." Es besteht kein Zweifel, daß der Schiffbruch an der überlieferten Stelle geschah, an der St.-Pauls-Bai, wie sie heißt. Die Lotungen stimmen an ihren Zugängen, und auf der Nordseite – und nirgends sonst in Malta – gibt es eine Landzunge zwischen zwei Meeresarmen. Genau im Süden von ihr befinden sich lange Strecken von nacktem, schroffem Fels, über den sich die Wellen bei stürmischem Wetter unaufhörlich brechen. Innerhalb der Bai, auf dem nördlichen Ufer, ist ein Ort, namens Mistra, unter der alten Burg von Selmun. Es ist gut möglich, daß Paulus und die andern genau an diesem Strand landeten. Der Name bedeutet in der maltesischen Sprache „Zufluchtsort" und ist mit der arabischen Wurzel str verwandt, was „Gehege" bedeutet.

Bei oberflächlichem Lesen der Lukaserzählung vom Aufenthalt des Apostels in Malta könnte man den Eindruck gewinnen, daß die Insulaner ungehobelte Bauern waren. In Wirklichkeit war das Gegenteil der Fall. Sie waren wohlhabende Handwerker und Künstler, besonders in der Herstellung reicher Textilien. Sie trieben Handel weit und breit und machten besten Gebrauch von ihren ausgezeichneten Häfen. Zufällig besitzen wir zwei Zeugen ihrer hohen Lebenshaltung, der erste ein Römer, der zweite ein Grieche. Als Cicero im Jahr 70 v. Chr. Verres verfolgte, den korrupten und raub-

Der kleine Hafen der St.-Paulus-Bucht in Malta mit der Paulskirche aus dem 16. Jh.

gierigen Statthalter von Sizilien (einer Provinz, in der Cicero selbst gedient hatte), klagte er ihn nicht nur an, Sizilien ausgeplündert zu haben, sondern auch seine gierige Hand nach Malta ausgestreckt zu haben. Ein Malteser war verfolgt worden, weil er eine schöne Sammlung von Silbertellern hatte. Der Tempel der Juno, selbst von feindlichen Königen als heilig und unantastbar angesehen, war seines Elfenbeins und seiner Edelmetalle beraubt worden. Honig in Riesenfässern war beschlagnahmt worden, und selbst nach Rosen hatte man geschickt, um damit die Kissen des Verres zu füllen, die aus feinem maltesischem Battist gefertigt waren.
Ein wenig später wußte Diodorus von Sizilien eine ganz ähnliche Geschichte zu erzählen. Malta, sagt er, ist eine phönizische, das heißt karthagenische Kolonie von hohem Ruf. Wie Cicero preist er seine Häfen. (In Ciceros Tagen waren sie das Winterasyl der Piraten gewesen, denn er berichtete drei Jahre, bevor Pompeius sie von den Meeren verjagt hatte.) Daß diese Piraten ungefährdet fünf ganze Wintermonate nur 70 Meilen von einer römischen Provinz entfernt Zuflucht finden konnten, zeigt einmal mehr, wie selten Schiffahrt im Winter war. Wieder hören wir von der Kostbarkeit maltesischer Textilien, besonders des Leinens. Weben war schon immer eine phönizische Spezialität gewesen, und Vergil macht Dido selbst zur geschickten Weberin von Purpur- und Goldgeweben (*Äneis* XI, 75). Die Einwohner wohnten in schön gelegenen Häusern, geschmückt mit Simsen und mit Stuckmauern, in der Tat wie die Römer. Die prächtigen Tempel des neolithischen Zeitalters, die zu den schönsten der Welt zählen, waren zur Zeit des Paulus natürlich verlassen und unbeachtet, außer mit einer gewissen unbestimmten Angst als Wohnstätten der „Riesen" aus alter Zeit.

Die Nachricht vom Schiffbruch verbreitete sich rasch. Die Leute von Malta waren damals wie heute freundlich und mitleidig und machten sich sofort daran, für die Schiffbrüchigen zu tun, was sie konnten. Das erste war, ein Feuer zu entzünden, um die

Blick von Mistra an der Nordküste von Malta auf die St.-Pauls-Bucht, wohin sich der Apostel mit seinen Gefährten nach dem Schiffbruch retten konnte.

frierenden Fremden zu wärmen, und jeder half, Brennholz zu suchen, das nach einem solchen Sturm auf so felsigem Boden knapp war, obwohl es das Glück wollte, daß das Schiff in der Nähe des Landguts von Publius, dem angesehensten Mann, *protos* der Insel, aufgelaufen und zerbrochen war. Wieder gebraucht Lukas den genauen Titel für den örtlichen Vertreter der römischen Macht, da die Insel abhängiger Teil der Provinz Sizilien war. Der Titel ist durch zwei Inschriften bekannt, eine griechisch, die andere lateinisch, die auf Malta gefunden worden sind.

Als Paulus sein Bündel Reisig (wahrscheinlich zu dieser Jahreszeit abgeschnittene Weinzweige; vgl. Joh 15,6) ins Feuer warf, schnellte eine Natter heraus und blieb an seiner Hand hängen. Msgr. Knox vermutet in einer Fußnote seiner Übersetzung des Neuen Testaments, daß sie, da es auf Malta keine giftigen Schlangen gibt, ihren Weg auf die Insel auf einem der afrikanischen Getreideschiffe gefunden haben mag. Die Zuschauer waren bestürzt. „Dieser Mensch ist gewiß ein Mörder", sagten sie, „er ist zwar dem Meere entronnen, aber die Gerechtigkeit läßt ihn doch nicht am Leben." Paulus schüttelte die Schlange einfach ab und setzte ohne Schaden sein Holzsammeln fort. Dann bemerkte die Bevölkerung etwas: der befehlshabende Offizier der Truppe behandelte diesen Mann mit Achtung. Schließlich entdeckte jemand, daß der Fremde eine Sprache sprach, die die Bauern verstehen konnten. Die Malteser sprachen punisch, das heißt eine semitische Sprache, und der Fremdling, obwohl er augenscheinlich auch Lateinisch und Griechisch konnte, wie aus seinen Gesprächen mit der Schiffsbesatzung zu ersehen war, sprach auch aramäisch, mit dem sie gut zurechtkommen konnten. Mit dem leicht entzündbaren Temperament einer Menge grüßten die Leute nun plötzlich den Mann, den sie gerade erst einen Mörder genannt hatten, als Gott.

Es war klar, daß die ganze Gesellschaft auf Malta überwintern mußte, daß es mindestens drei Monate dauern würde, ehe sie ihre Reise fortsetzen konn-

Der Niederländer Hendrik Goltzius zeigt auf seinem Stich den Schiffbruch des Paulus im Stil des 17. Jh. Im Vordergrund die Szene mit der Schlange in dem Reisigbündel, deren Biß dem Paulus nicht schadete (Apg 28, 3–6).

ten. Paulus und Lukas wollten ihren freundlichen Gastgebern nicht zur Last fallen; Paulus hatte das immer sehr genau genommen. Nachdem sie drei Tage lang Gäste des Publius gewesen waren, zogen sie in ein eigenes Quartier um und machten sich sofort daran, für die Insulaner alles zu tun, was sie konnten. Das medizinische Geschick des Lukas, unterstützt durch die charismatische Gabe der Heilkunst des Paulus, fand bald ein Betätigungsfeld. Ihr erster Patient war der Vater des Publius, der an Ruhr erkrankt war. Er wurde geheilt. Andre Leidende strömten bald zu den vom Himmel gesandten Heilern. Als sie drei Monate später die Insel verlassen konnten, waren sie so hoch geachtet, daß es ihnen an nichts fehlte. Die großzügigen und dankbaren Malteser sorgten dafür, daß sie voll ausgerüstet wurden und der Verlust ihres gesamten Gepäcks wiedergutgemacht war. Publius selbst schloß sich dem „Neuen Weg" an und wird heute als der erste Bischof von Malta verehrt.

Es traf sich, daß ein alexandrinisches Kornschiff auf Malta in dem großen Hafen am südlichen Ende der Insel, heute Marsaxlokk, überwintert hatte. Dieser bietet im Gegensatz zum Hafen von Valetta einen guten Ankerplatz gegen die östlichen Stürme. Das Schiff hieß *Castor und Pollux* nach den Patronen der Seeleute. Es war erst Februar, aber der Kapitän glaubte für eine so kurze Reise das Risiko auf sich nehmen zu sollen, weil die Belohnung dafür, zu den ersten Kornschiffen des Jahres zu gehören, groß war. Sie segelten ohne Zwischenfall nach Syrakus und blieben dort drei Tage. Heute zeugt diese geschichtliche Stadt, die den Untergang des athenischen Stolzes und den Tod des Archimedes gesehen hat, in ihren Katakomben und frühen Kirchen in Fülle von dem Glauben, dessen Vorbote Paulus war. Ihr sprechendstes Zeugnis ist einzigartig: die Kathedrale. Sie war früher ein Tempel der Athene und ist jetzt der einzige dorische Tempel, der noch als Ort der Verehrung benutzt wird.

Der nächste Anlegeplatz war Rhegium (Reggio) auf der italienischen Seite der Straße von Messina, jen-

Oben: In Pozzuoli im Golf von Neapel landete Paulus auf seiner letzten Reise nach Rom. Außer einem Theater ist wenig aus römischer Zeit erhalten, da vieles im Meer versunken ist. Nächste Seite: Auf der Via Appia, der alten Gräberstraße Roms, dürfte Paulus in die Stadt gezogen sein.

seits der Gefahren von Scylla und Charybdis. Jetzt, in den sicheren italienischen Gewässern, konnten sie sich dicht an der schönen und historischen Küste halten. Sie segelten am Palast des Tiberius auf Capri vorbei, vorbei an den Villen der Reichen, die in jene lächelnde Bucht vorsprangen, vorbei an Pompeji und Herculanum und dem unverdächtigen Vesuv, der diese Städte 19 Jahre später auslöschen sollte, nach Puteoli (Pozzuoli), dem Hafen Roms für die Reisenden aus dem Osten.

Ein großer Teil des römischen Puteoli liegt heute dank seismischen Verschiebungen unter Wasser; aber es bleibt genug, darunter ein großes Ziegelstein-Amphitheater (aus nachpaulinischer Zeit), um uns ahnen zu lassen, was für ein blühender, geschäftiger, lärmender Hafen hier gewesen sein muß. Und selbst hier, in dieser unwahrscheinlichen, unheiligen Umgebung, gab es eine Gemeinde von Christen. Noch überraschender ist, daß Julius, der sich nach Rom gesehnt haben muß, seinem Gefangenen erlaubte, eine ganze Woche hier zu verbringen. Zweifellos hatte die Ankunft des Schiffs ziemliches Aufsehen erregt. Seneca erzählt uns, wie die Bevölkerung der Stadt zum Kai strömte, wenn ein ägyptisches Kornschiff in Sicht kam.

Der Rest der Reise wurde zu Fuß zurückgelegt. In jenen Tagen mußte man über Neapel gehen, weil erst in der Regierungszeit von Domitian eine Abkürzung gebaut wurde, deren Spuren noch heute unsre Bewunderung für römische Ingenieurkunst hervorrufen. Für den Weg von 130 Meilen brauchte man etwa eine Woche. Sie gingen über Formia, vorbei am Landhaus und Grabmal Ciceros. Hinter Terracina kamen sie in die Pontinischen Sümpfe, durch die Augustus entlang der Straße bis zum Forum des Appius einen Kanal hatte anlegen lassen. Julius und Paulus mögen ihn benutzt haben in einer von Eseln gezogenen Barke. Das Land war von Malaria heimgesucht; damals war deren Ursache natürlich unbekannt, aber ein dem Äskulap geweihtes Heiligtum zeugt von ihrer Vorherrschaft. Einige der römischen Brüder waren bis hierher gekommen, um Paulus zu begrüßen. Andere warteten an den Drei Tavernen auf ihn, 33 Meilen von der Hauptstadt entfernt. Schließlich stieg die Gesellschaft auf der Via Appia, der Königin der Landstraßen, wie die Römer sie nannten, die Albanerberge hinan. Dort unter ihnen lag Rom. Paulus „brach in Dank gegen Gott aus und schöpfte neuen Mut".

Die Ewige Stadt

Rom! Die Ewige Stadt, wie die stolzen Römer sie zu nennen anfingen. Sie war das irdische Ziel im Leben des Paulus. Er war schon lange entschlossen gewesen, dorthin zu gehen, weil er sah, daß Rom und nur Rom allein Heimstätte und Mittelpunkt einer lebensfähigen Kirche sein konnte.

„Nach unserer Ankunft in Rom wurde es Paulus erlaubt, mit den ihn bewachenden Soldaten für sich allein zu wohnen" (Apg 28,16). Der Hauptmann der Wache oder *stratopedarch* war ein Lagerkommandant, ein Untergebener des prätorianischen Präfekten. Als Paulus ankam, war der Präfekt Burrus, ein Stoiker wie sein Freund Seneca, der Lehrer des jungen Nero gewesen war, dessen schlimmste Triebe sie bis dahin hatten in Schach halten können. Es gab neun oder zehn prätorianische Kohorten, jede davon mit 1000 Mann.

Was war das für eine Stadt, in die Paulus gekommen war? Wie sah sie aus, welche Vorzüge besaß sie? Keine Prahlerei war je irreführender als die des Augustus, der gesagt haben soll, daß er ein Rom aus Ziegelsteinen vorgefunden und ein Rom aus Marmor hinterlassen habe. Zwar hatten die berühmten Marmorbrüche von Carrara gerade erst ihren Betrieb begonnen; aber wenn man auch Marmor verwendete, wie wir noch sehen werden, war die Stadt doch weithin aus Ziegelstein gebaut, allerdings mit dieser wesentlichen Einschränkung: während bis zur Zeit des Augustus luftgetrocknete Ziegelsteine das übliche Baumaterial waren, wurden jetzt gebrannte hergestellt. Diese wurden oft mit Stuck oder Marmor verblendet. Zudem kam der Mörtel immer mehr in Gebrauch.

Die Verbindung von Mörtel und Ziegelsteinen sollte die römischen Baumethoden revolutionieren und die Konstruktion kühner Kuppeln ermöglichen, deren eine, die Kuppel des Pantheons, immer noch die weiteste der Welt ist – 76 Zentimeter weiter als die von St. Peter. Aber das alles lag noch in der Zukunft. Und ebenso die meisten Denkmäler, die wir heute als spezifisch römisch ansehen, als Gütezeichen des Reichs. Die drei Triumphbögen des Titus, des Septimius Severus und Konstantins, das Kolosseum, die Säulen Trajans und des Marcus Aurelius, die Tempel Hadrians und des Antoninus, das Mausoleum Hadrians, jetzt als Castel S. Angelo berühmt – keins dieser bekannten Baudenkmäler war zur Zeit des Paulus errichtet worden, und damit ist die Liste noch keineswegs erschöpft. Auf dem Palatin hatte Tiberius die einfache Wohnung des Augustus erweitert – die Reste seines Palastes liegen unter den Gärten der Farnesina begraben –, aber die Großartigkeit der heute sichtbaren Ruinen ist ganz das Werk späterer Zeiten. Auf dem Kapitol anderseits geht das Tabularium oder Archiv, mit den heute noch bewunderten säulenbegrenzten Bögen, die Vorbild für die amtliche römische Architektur werden sollten, auf das Jahr 78 v. Chr. zurück. Es wurde Modell für alle Triumphbögen und auch für die schöne Steinmetzarbeit am Theater des Marcellus, das Augustus zum Gedenken an seinen Neffen errichtete.

Im Forum unten gab es zwei Basiliken, die Ämilianische und die Julianische, die als Gerichtshöfe und als Versammlungsstätten benutzt wurden. Paulus konnte nicht wissen, daß die Basilika zum Prototyp der christlichen Kirche werden sollte, in der der Bischof wie früher der weltliche Richter in der Apsis saß. Im Forum konnte Paulus auch den Tempel von Castor und Pollux sehen, deren Namen sein letztes Schiff getragen hatte; den Tempel der Vesta (allerdings nicht so, wie wir ihn heute sehen), den Altar des Julius Cäsar, das Haus des Pontifex Maximus und eine Menge von Läden und Heiligtümern. Das Cäsar-Forum lag nordöstlich davon.

Die Porta San Paolo in Rom ist die alte Porta Ostiensis, die aus der Stadt zum Hafen von Ostia führte. Durch dieses Tor, so glaubt man, ist Paulus zur Hinrichtungsstätte außerhalb der Stadt geführt worden.

TABACCHI

Am Tiber lagen die beiden Tempel, die wir heute sehen, einer rund, der andre länglich, in der Nähe des großen Abwässerkanals, der Cloaca maxima; und nicht weit von dem Tempel und dem Theater des Pompeius die vier republikanischen Tempel auf dem heutigen Largo Argentina. Wir können immer noch die Reste der ersten römischen Steinbrücke bewundern, des Ponte Rotto oder der Zerbrochenen Brücke, die 179 v. Chr. von demselben Aemilius errichtet worden ist, der die Basilika gebaut hatte. Zwei andre Brücken standen zur Zeit des Paulus, die Milvische Brücke, die die Via Flaminia, die große Nordstraße, über den Tiber führte, jene Brücke, die im Jahr 312 den Triumph Konstantins und des Christentums erleben sollte. Sie war 109 v. Chr. von Marcus Aemilius Scaurus erbaut oder umgestaltet worden. Die vier Mittelbögen stehen noch mit ihrer kühnen und beispiellosen Spannweite von 18 Metern. Die andre Brücke ist der Ponte Fabricio. Sie wurde 62 v. Chr. gebaut, ist fast unversehrt und trägt sogar noch den Namen ihres Stifters.

An Augustus, den Begründer und Architekten dieses neuen „Marmor-Zeitalters", erinnerten noch drei Bauwerke, sein großer, Mars Ultor, dem „Rächer" (des Julius Cäsar), geweihter Tempel am Fuß des Esquilin, von dem noch einige Säulen und eine massive, feuerfeste Rückwand erhalten sind; sein großes Mausoleum unten am Fluß und sein Friedensaltar, von dem noch mehr zu sagen sein wird.

Vor allem aber glänzte auf dem Gipfel des Kapitols der Tempel des Jupiter Capitolinus, das Heiligtum, in dem Roms große Dreiheit, Jupiter, Juno und Minerva, verehrt wurde, die drei Jahrhunderte später den Vorrang an eine festgefügtere Trinität abtreten sollte. Nur Spuren seiner Grundmauern sind noch zu sehen.

Das also waren in kurzen Zügen – denn wer vermag die Herrlichkeit Roms in einen kümmerlichen Katalog zu versenken? – die Denkmäler römischer Größe, wie Paulus sie bei seiner Ankunft sah. Über den allgemeinen Eindruck können zwei Dinge ausgesagt werden. Erstens war Rom in den Tagen des Paulus noch nicht auf dem Gipfel der imperialen Größe, den es im folgenden Jahrhundert

Die Ruine des Ponte Rotto, der ersten Steinbrücke Roms. Sie wurde 179 v. Chr. errichtet und war in den Zeiten des Paulus ein wichtiger Übergang über den Tiber.

Oben links: Blick vom Kapitol auf das Forum Romanum bis zum Titusbogen. Im Vordergrund steht der Triumphbogen des Septimius Severus, rechts im Mittelgrund ragen die drei Säulen des Castor-und-Pollux-Tempels, rechts im Hintergrund steigt der Hügel des Palatins auf.

erreichte. Das ist ein wichtiger Punkt, denn die Vorstellung, daß Rom schon „der Dunkelheit“ entgegenging, ist völlig irreführend, besonders wenn es sich um Dinge des Glaubens und seiner Ausübung und um seine Verfechter handelt. Zweitens war das Rom des Augustus, Tiberius, Claudius und sogar des Nero (bevor er Rom nach dem Feuer von 64 wieder aufbaute), obwohl es noch nicht seine äußerste räumliche Größe erreicht hatte, weit eindrucksvoller als jede andre Stadt, die Paulus bisher gesehen hatte. Eindrucksvoll durch Vielgestaltigkeit, Vielfältigkeit und Lebendigkeit.

Die Römer hatten sich immer den Griechen ein wenig unterlegen gefühlt, wenn es sich um etwas andres als ums Kämpfen handelte. Sie konnten nicht behaupten, daß auch nur ein einziges ihrer Gebäude mit dem schönsten griechischen Werk Athens oder Delphis an künstlerischem Wert wetteifern könnte. Aber sie konnten mit Griechenland durch das reine Gewicht der Zahl wetteifern und taten es. Und zur Krönung dieses Wetteifers hatte Augustus den glänzenden Gedanken, in seine Hauptstadt weit, weit ältere Denkmäler einzuführen als alles, dessen Hellas sich rühmen konnte, nämlich Obelisken aus Ägypten.

Augustus importierte zwei dieser Obelisken. Den einen, aus der Zeit Setis I. (19. Dynastie) und seines Sohnes Ramses II. (1348–1282 v. Chr.), stellte er im Circus Maximus auf. Er steht jetzt auf der Piazza del Popolo. Der zweite steht seit 1789 auf dem Monte Citorio. Er war für Psammetich II. aus der 26. Dynastie angefertigt worden. Er wurde zum Zeiger einer riesigen Sonnenuhr im Campus Martius. Caligula fügte einen dritten Obelisk hinzu, eine Nachahmung, da er keine Hieroglyphen trägt. Er steht jetzt vor St. Peter. Spätere Kaiser vermehrten ihre Zahl um zehn weitere. Sie waren keineswegs nur Schmuck. Plinius, der Zeitgenosse des Paulus, erzählt von den drei, die Rom zu seiner Zeit zierten. Er sagt richtig, daß das ägyptische Wort für Obelisk *tekhen*, Sonnenstrahl bedeutet, so daß der Obelisk ein Symbol des Sonnengotts ist. Damit waren sie, wie die Inschriften auf den Obelisken des Augustus bezeugen, des Kaisers „Gaben an die Sonne". Das ist von erstrangiger Bedeutung, weil der Sonnenkult im 3. Jahrhundert Staatsreligion werden sollte, und da er monotheistisch war, wurde er zur mächtigen Hilfe für die Hinführung zum Christentum. Aber diese Entwicklung war Paulus natürlich verborgen.

In der Tat bedeuteten Paulus diese Anzeichen materieller Unsterblichkeit sehr wenig. Zwar schreibt er an die Philipper (4,22): „Es grüßen euch alle Heiligen, besonders aber die vom kaiserlichen Hofe", wo er, wie er ihnen schon versichert hatte (1,13), gut bekannt war. Da er aber Paulus war, ging es ihm wohl unmittelbarer um die einfachen Bürger. Das Rom seiner Tage war eine Plutokratie, und wie in jeder plutokratischen Gesellschaft, etwa im London des vorigen Jahrhunderts oder im New York des jetzigen, gab es neben einer kleinen und sehr wohlhabenden Klasse, die sehr intelligent und kultiviert war, eine große Volksmasse, die in Verwahrlosung lebte. Die ärmeren Bürger waren in riesige, ungesunde Wohnblocks zusammengepfercht, die im Winter schlecht geheizt und im Sommer erschreckend stickig waren. Der Dichter Martial erzählt von einem Mann, der 200 Stufen zu seinem Zimmer hinaufklettern mußte. Feuergefahr bestand immer. Trotz der reichlichen Wasservorräte, die Roms Aquädukte der Stadt zuführten, war das Verteilungssystem primitiv. Ein paar Reiche konntes es sich leisten, Wasserleitungen in ihre Häuser zu legen, aber die Mehrzahl mußte sich mit Brunnenbecken zufriedengeben.

Denn trotz ihres technischen Geschicks kannten die Römer die Druckpumpe nicht, und sie verstanden auch nicht, Eisen zu gießen. Das bedeutete, daß das Wasser nur mit Hilfe der Schwerkraft befördert werden konnte, und zwar durch Bleirohre, die wegen ihrer Weichheit und Verformbarkeit dauernd undicht wurden. Sanitäre Einrichtungen waren dürftig. Senkgruben und Düngerhaufen lagen in passenden oder unpassenden Zwischenräumen,

Drei Säulen und die Rückwand vom Tempel des „Rächers" Mars, den Augustus am Fuße des Esquilin errichten ließ, sind bis heute erhalten. Augustus weihte den Tempel dem Gott Mars nach seinem Sieg im Kampf um die Macht, die auf die Ermordung Cäsars folgte.

Nächste Seite: Die Piazza del Popolo, im Hintergrund links der Petersdom auf dem anderen Tiberufer. Der Obelisk in der Platzmitte war von Augustus nach Rom gebracht worden und stand ursprünglich im Circus Maximus. Er ist über 3000 Jahre alt und mit altägyptischen Hieroglyphen bedeckt.

und menschliche Abfälle mußten mit der Hand dorthin gebracht werden oder wurden einfach aus dem Fenster auf die Straße geworfen. Es gab öffentliche Latrinen, häufig in großem Maßstab mit 50 oder mehr Sitzen und mit fließendem Wasser versehen. Und natürlich waren die berühmten Bäder für jeden offen.

Der Lärm war entsetzlich (wie heute noch in Rom). Selbst der reiche Seneca fand ihn schwer erträglich. Nachts polterten und quietschten die schweren Wagen über die holprigen Straßen. Tagsüber liefen alle möglichen Wanderpriester der Isis oder Kybele oder andrer importierter Gottheiten herum und schlugen ihre Messingbecken, ihre Systra oder ihre Kastagnetten. Und überall sammelten sich träge Massen, die auf das Almosen eines reichen Patrons oder des Staats warteten. Viele aus der Menge kamen von Übersee, besonders aus der Levante; viele waren enteignete Bauern, deren Länder von reichen Kapitalisten eingeschlossen waren oder die man enteignet hatte, um Platz für Veteranen zu finden. Das politische Leben war tot. Nur im Theater oder im Zirkus konnten die Leute sich versammeln.

Die Kernfrage für unsern Beitrag ist, bis zu welchem Ausmaß die römische Gesellschaft wirklich korrupt war. War sie politisch eingetrocknet, kulturell und geistig unfruchtbar? Die Antwort darauf ist mehr nach der Mode als nach den Tatsachen verschieden ausgefallen.

Während des 19. Jahrhunderts waren Republiken sehr im Schwang. Es gab auch Imperien; aber das einzig gute Reich war in den Augen des Betrachters immer das eigene, das besonders war, gutartig und aufgeklärt. Heute können wir diese Dinge nicht mehr so einfach sehen. Eine Anzahl von diesen Kaiserreichen ist verschwunden; aber es ist zum mindesten eine offene Frage, ob diejenigen, die in ihnen gelebt haben, in allen Fällen besser daran waren, glücklicher, sicherer und wohlhabender als in alten Tagen des römischen Imperiums.

Im Römischen Reich wurden beide Meinungen vertreten. Einige alte Republikaner waren der überlieferten Ansicht, daß die Herrschaft eines Manns und seines Hofs Tyrannei sei und unrömische Sklaverei. Andererseits waren sehr viele Römer nicht dieser Ansicht. Sie lobten, was Plinius „... die unendliche Majestät des römischen Friedens" nannte. Nach dem Jahrhundert der Intrige und des Schlachtens, das dem Sieg des Augustus bei Aktium vorausgegangen war, endlich wieder sicher und im Frieden zu leben, das war das *summum bonum.* Es schien die Gabe „eines Gottes" zu sein, sang Vergil, und Vergil war ein edler Römer, wenn es überhaupt einen gab.

Die Geschichte der Paulusreisen ist Beweis für die öffentliche Ruhe, deren sich das Zeitalter erfreute.

Oben rechts: Der Dichter Vergil, Porträtbüste im Kapitolinischen Museum.

Links: Die Kunst des Mosaiks erreichte im antiken Rom einen Höhepunkt lebendiger Darstellung. Man kann viel über Leben und Zustände zur Zeit des Paulus aus den Mosaiken erfahren. Ein Beispiel für die Geschicklichkeit römischer Mosaikkünstler ist diese Darstellung vom Leben in Ägypten am Nil, das sich im Tempel der Fortuna in Palestrina befindet.

Paulus hatte Händel mit den örtlichen Behörden in Lystra, in Philippi, Thessalonich und Ephesus, sogar in Jerusalem; aber immer konnte er freiwillig oder gezwungen weiterziehen, weil die Straßen offen und die Seewege frei von Piraten waren. Tatsächlich zeigen seine Abenteuer bei fast allen diesen Ungelegenheiten durch ihren Ausgang, wie fest die römische Herrschaft in Wirklichkeit war. Wenn der Friede gestört war, wurde die Ordnung sofort wiederhergestellt. Diese feste römische Hand hielt die Welt zusammen; vom Tigris bis zum Tweed, von Aswan bis nach Paris konnte man reisen und Handel treiben. Es bestand eine regionale Einheit, wie die Welt sie nie zuvor gekannt hatte und auch nicht wieder kennen sollte bis zur Festigung der Vereinigten Staaten von Amerika. Und aus dieser Einheit, dieser weitverbreiteten Sicherheit zog niemand größeren Gewinn als die junge Kirche, wie der Bericht über die Paulusreisen bereits gezeigt hat.

Die christliche Ansicht, daß Rom eine von der Vorsehung gelenkte und gewollte Einrichtung war, wird nicht nur durch Rückschlüsse, sondern durch positives Zeugnis bestätigt. Tertullian, der um das Jahr 200 schrieb, und ein persischer Christ etwa ein halbes Jahrhundert später hatten beide die bestimmte Vorstellung, daß Rom so lange wie die Welt bestehen würde. Noch später verkündete Prudentius, der große christliche lateinische Dichter, etwa um 380 den göttlichen Auftrag zur Einigung der Menschheit: „Christus wollte den Verlauf der Königreiche in richtiger Reihenfolge und die Triumphe Roms, damit er, wenn die Zeit erfüllt war, sich selbst mitteilen konnte; Gott wollte die in der Sprache nicht übereinstimmenden, im Glauben unterschiedlichen Nationen zusammenfügen und sie alle unter eine Herrschaft bringen, eine Einheit des Herzens; keine Einheit würde Christi würdig sein, wenn nicht ein Sinn Rasse an Rasse band; Christus ist Urheber der Mauern Roms, der das Zepter in Rom als dem Herzen der Welt aufrichtete und der Menschheit gebot, sich der römischen Toga und den römischen Waffen zu unterwerfen, damit alle die Rassen Sitten und Kultur lernen möchten, daß alle ihre Zungen, ihr Genie und ihre Riten ein Gesetz erkennen möchten; das wurde erreicht durch des Römischen Reichs Erfolge und Triumphe; der Weg war bereitet für das Kommen Christi."

Hat irgendein moderner Anhänger eines Weltbürgertums ein glühenderes Gemälde gemalt? Josephus der Jude, Epiktet, der stoische Sklave, die christlichen Apologeten, die christlichen Dichter, sie alle erzählen die gleiche Geschichte. Die Überzeugung hallt wider bei Claudius Claudianus im allerletzten Jahrhundert des westlichen Reichs.

Schlechte Kaiser mag es gegeben haben, und keiner war schlechter als Nero, in dessen Regierungszeit Paulus hingerichtet wurde und unter dem nach dem großen Feuer im Jahr 64 die Christen zum erstenmal verfolgt wurden, und zwar mit ausgeklügelt abscheulicher Grausamkeit. Aber auch hier müssen wir uns vorsehen, nicht zu weitgehend zu verdammen. Daß nicht nur Nero, sondern auch sein Hof unsittlich und korrupt waren, steht außer Frage. Aber wir verdanken unsre Kenntnis darüber einem liederlichen Erzähler, dem Sueton (den Kaiser Hadrian unerträglich fand), einem sauertöpfischen Satiriker, Juvenal, und Tacitus, der düstere Ansichten über die Menschheit im allgemeinen vertrat. Selbst Tacitus muß zugeben, daß trotz des Lebenswandels der Mächtigen es noch anständige Männer und Frauen in Italien gab, die ein sauberes Familienleben führten. Dio, der seine Geschichte mehr als ein Jahrhundert später schrieb, kann die früheren Chronisten nur widerspiegeln.

Daß es von Anfang bis zu Ende im römischen Charakter einen rohen und grausamen Zug gegeben hat,

Ein mit Wandmalereien geschmückter Raum in einer römischen Villa in Pompeji.

kann nicht bestritten werden. Wenn wir aber ihre sittlichen und kulturellen Maßstäbe untersuchen, wie es in Kürze geschehen wird, können wir finden, daß die allgemeine Haltung nicht nur gehobener war, als es auf den ersten Blick erscheinen mag, sondern daß es auch einen allgemeinen Wunsch nach Besserung gab, der in der Botschaft des Paulus und seiner Jünger sehr wohl eine „Arznei für die Seele" entdecken mochte, die man bisher nicht hatte finden können. Dieser Punkt, daß es nämlich in den ersten Tagen des Christentums eifrige Empfänger wie leidenschaftliche Spender gab, ist von ausschlaggebender Bedeutung bei der Einschätzung des moralischen Klimas im Rom des 1. Jahrhunderts. Zwar ging die Schlächterei in den Amphitheatern bis zum Ende weiter, zwar wurde der größte dieser Bauten, das Flavische Amphitheater oder Kolosseum, mit einem Fassungsvermögen von 50000 Menschen gegen Ende des Jahrhunderts ge-

baut; aber es ist auch wahr, daß ein hochgesinnter Stoiker wie Marcus Aurelius sich darin äußerst unwohl fühlte. Er pflegte Staatspapiere zum Lesen mitzunehmen, anstatt auf das Blutbad zu achten. Er befahl auch, nachdem er den Todessturz eines Seiltänzers gesehen hatte, daß solche Vorführungen in Zukunft nur über einem Netz gestattet wurden. Und wir finden in den Vorschriften seiner unmittelbaren Vorgänger Sätze wie „solches Verhalten in unsrer Zeit unwürdig", ein klarer Beweis dafür, daß diese Kaiser überzeugt waren, in einer Zeit zu leben, die nicht schlechter, sondern besser als die vorangegangene war.

Wenn sie das glaubten, mußte die Aufwärtsbewegung im 1. Jahrhundert begonnen haben. Ein konkretes Beispiel. Es war ein vom Gesetz sanktionierter, schrecklicher Brauch bei den Römern, daß, wenn ein Bürger von einem seiner Sklaven getötet worden war, alle Sklaven dieses Mannes getötet werden mußten. Tacitus berichtet (*Annalen* XIV, 42), daß Padanius Secundus, als er Stadtpräfekt war, von einem Sklaven ermordet wurde, der auf seines Herrn Liebe zu einer Sklavin eifersüchtig war. Nicht weniger als 400 Sklaven erwartete daher der Tod. Die Bürger protestierten gegen diese Schlächterei, Kaiser und Senat entschieden jedoch, daß das Gesetz seinen grausamen Lauf nehmen müsse. Aber der öffentliche Protest blieb nicht ohne Wirkung, denn in den Tagen Hadrians wurde das barbarische Gesetz drastisch abgeändert.

Wenn wir uns nun den Künsten zuwenden, so entdecken wir das gleiche Empfinden für Humanität. Die Persönlichkeit des einzelnen wird mehr und mehr zum beherrschenden Thema, die Persönlichkeit des einzelnen und seine Beziehung zur Umwelt. Die römische Dichtung ist durchdrungen von diesem Empfinden. Catull, Properz, Tibull – wenn wir sie lesen, sind wir erfüllt von Mitgefühl für die Leiden ihrer Herzen; wir „fühlen mit" ihnen. Selbst Ovid, so liederlich er allzuoft ist, erweckt in uns einen Funken des Mitleids für seinen Kummer. Und in den beiden größten Dichtern des Zeitalters, beide vertraute Freunde des Augustus, begegnen wir so lebendigen Persönlichkeiten, daß wir meinen, sie so gut zu kennen, wie sie sich gekannt haben. Vergil wurde 70 v. Chr. in der Nähe von Mantua geboren, Horaz fünf Jahre später in Apulien. Er traf Vergil im frühen Mannesalter und war ihm bis zu seinem Tod im Jahr 19 v. Chr. treu. Horaz lebte bis 8 v. Chr. „Wenn wir an ‚jene harte römische Welt' denken", schreibt Glover, „die Tacitus so klug beschrieb und Juvenal mit Epigrammen gegeißelt hat, dann müssen wir uns daran erinnern, daß es auch die Welt Vergils war und daß diese Welt den Vergil liebte. Es ist viel Wahres an dem berühmten Ausspruch von Sainte-Beuve: ‚La venue même du Christ n'a rien qui étonne quand on a lu Virgile.'"

Ja, Rom liebte Vergil, und nicht nur ein intellektueller erlesener Zirkel. Sein Werk wurde zu Lebzeiten zum Schullehrbuch. Soldaten in fernen Ländern kritzelten Verse aus der *Äneis* an die Wände ihrer Baracken.

An Erhabenheit des Geistes, die Vergil besaß und mitteilte, wird man kaum seinesgleichen finden. Die majestätische mythische Erfindung seiner Verse, der Teppich, in den Roms vielfarbiges Schicksal verwoben ist, die Sätze, manchmal einzelne Worte, das alles erweckt, was Jackson Knight einmal „die Vision des Kollektivunterbewußtseins" genannt hat. Und das ist vermischt mit einem leidenschaftlichen Einfühlungsvermögen in die Landschaft, in Felder und Herden und Blumen.

Wir wollen noch einen andern französischen Schriftsteller zitieren: „Es ist unmöglich", sagt Pierre Boyance (in La Religion de Virgile [1963]), „gleichzeitig Vergil zu bewundern und Rom zu verdammen. Für die Nachwelt ist er Roms leidenschaftlichster und treuester Deuter... Vor allem die

vierte Ekloge, vor allem das sechste Buch der *Äneis* waren bestimmt, Vergil in den Augen der Nachwelt etwas vom inspirierten Propheten zu verleihen. An diese Verse sich zu halten war dem Christentum bestimmt, denn in ihnen fand es etwas von seiner eignen Offenbarung. In ihnen vermittelt uns Vergil den Eindruck, sich über seine Zeit und sein Land zu erheben. Er allein verstand es, die Geschichte Roms in die der ganzen Menschheit einzuschmelzen, an der der Kosmos selbst teilhatte. Darin drückt er die ganze Tiefe seiner Seele aus, und die Seelen werden darin nicht getäuscht: er hatte die Ehre, Dante bis an die Schwelle des Paradieses zu führen."

Horaz strebte nie geistige Gipfel an. Er ist ein sehr menschlicher Dichter, warm und geistvoll. Er kann mit einer Anmut schreiben, die nie übertroffen worden ist, er sang mit „sorgsamer Glückseligkeit", wie Petronius es ausgedrückt hat. Wie alle bisher erwähnten Dichter verbindet Horaz die Gabe für die Schilderung von Individuen, von Kaisern, Gastwirten, Ekeln mit einer leidenschaftlichen Liebe für die Landschaft, ihre Bäume und Bauernhöfe und Flüsse, ihre Vögel und Blumen. So ist das Bild von den Römern als einer Horde von selbstzufriedenen Städtern völlig verzerrt. Die Römer liebten in Wirklichkeit das Land. Man braucht nur zu bemerken, wie vollkommen sie ihre Villen anlegten, um das zu begreifen. Und sie legten sie nicht nur an, sondern schrieben begeisterte Briefe und Gedichte darüber. Dieser Zug war in den letzten Tagen des Reichs genauso stark wie in den ersten, wie wir leicht aus den Seiten des Ausonius, Claudian und Sidonius Apollinaris erkennen können. Vier andre Künste enthüllen ebenso den römischen Anspruch auf ästhetische und damit auch geistige Sensibilität: Mosaik, Malerei, Stuck und Bildhauerei.

Römische Mosaiken erzählen uns bis ins einzelne, wie Männer, Frauen und Dinge aussahen; sie zeigen Gladiatoren und auch ihre Opfer (denn im Römer waren während seiner ganzen Zeit mit seinem unsterblichen Verlangen einige äußerst sterbliche Schwächen vermischt), Jäger, Wagenlenker, Fischer, Bauern- und Landhäuser; Vögel und Waldszenen sind genauso häufig wie mythologische Bilder. Diese lebendigen Dekorationen müssen den Räumen, die sie schmückten, eine lebhafte Anmut gegeben haben.

Oben: Ein Relief von der Ostseite der „Ara Pacis", dem von Augustus gestifteten Friedensaltar: Mutter Erde und ihre reichen Gaben an die Menschheit.

Unten: An der Westseite der „Ara Pacis" ist Äneas dargestellt, der im verheißenen Land Italien gelandet ist und als Dankopfer der Göttin Juno ein weißes Schwein darbringt.

Allmählich wurden Mosaiken (immer noch natürlich aus Mosaiksteinchen, denn Glasmosaik, eine völlig verschiedene Kunst, kam erst in der byzantinischen Zeit auf) auch an Mauern angebracht, wie in den reizenden Nischen in Herculanum und Pompeji oder wie die berühmte Darstellung Christi als Unbesiegte Sonne in den Grotten des Vatikans. Zwei der reizvollsten Mosaiken, die erhalten blieben, sind das in Palestrina, das in allen Einzelheiten zeigt, wie das Leben in Ägypten während der imperialen Epoche war, und das berühmte Porträt Vergils aus Sousse in Tunesien. Im 4. Jahrhundert finden wir Mosaiken zur Ausschmückung von Decken, wie in der Kirche S. Pudenziana in Rom. Bedeutsam genug ist das Thema in diesem heiligen Zusammenhang: eine reizend natürliche Landszene mit Putten bei der Weinlese.

Auch in der römischen Malerei finden wir wieder jene Mischung aus Mythologie und Landleben, die die römischen Mosaiken zeigen. Es gibt schöne Beispiele in Pompeji, Herculanum, schönere noch in Stabiae (Castellammare), das wie jene beim Ausbruch von 79 ausgelöscht wurde. Besonders in Stabiae blicken wir auf Bilder, die uns überraschend modern vorkommen in ihrem Gebrauch der Perspektive und andrer Techniken, die wir mit Botticelli und den Impressionisten verbinden. In Rom selbst gibt es zwei herrliche Kompositionen.

Die erste ist ein rotlackiertes Zimmer aus der Farnesina, jetzt im Nationalmuseum. In einem herrlichen vorgetäuschten architektonischen Rahmen sind Medaillons aufgehängt, die häusliche und allegorische Szenen zeigen, so typisch für die römische Freude am Aktuellen und Individuellen. Selbst die Mythologie muß gezähmt werden, um Teil des täglichen Lebens zu werden. Aber bei weitem das schönste und bewegendste Beispiel römischer Malkunst, das zu unserm Entzücken erhalten geblieben ist, ist der bemalte Raum aus der Villa Livias, der Gemahlin des Augustus, in Prima Porta, nicht weit nördlich von Rom. Auch dieses befindet sich heute im Nationalmuseum. Es ist ein Meisterwerk römischer naturalistischer Kunst. Es handelt sich um ein Freiluftobjekt. Wir sind in einem Garten, und wohin wir auch schauen, wir sehen nichts als den blauen Himmel durch grüne Bäume: Ahorn, Lorbeer, Rhododendron und Zypresse. Im Vordergrund ist eine Balustrade, die die Grenzen des Gartens, in dem wir stehen, bezeichnet. Jenseits fällt unser Blick auf Obstbäume und Blumen auf allen Seiten. Auch Vögel gibt es und Schmetterlinge, ja die ganze Schönheit einer Sommerlandschaft. Dieser gemalte Garten scheint wirklich den Geist des Friedens, der Sicherheit und ländlicher Anmut zu atmen, die Augustus aus gutem Grund wiederhergestellt zu haben glaubte. Es scheint wirklich ein

„Goldenes Zeitalter" zu sein, in das wir eingetreten sind.
Die römische Stuckdekoration zeigt ähnliche Szenen häuslichen und ländlichen Friedens oder geistiger Befreiung, wie bei der Dekoration der unterirdischen Basilika in der Nähe von Santa Maria Maggiore, dem schönsten stuckverzierten Gewölbe. Sie war wahrscheinlich Treffpunkt einer mystischen Sekte, vielleicht der Neopythagoreer.
Aber das größte Einzelbeispiel des Augusteischen Ideals findet sich in einem von Augustus selbst entworfenen oder zumindest angeordneten Denkmal. Es ist seine *Ara Pacis,* sein Friedensaltar, der ursprünglich an der Westseite der Via Lata stand, der Breiten Straße, heute Corso, die die Via Flaminia mitten ins Herz der Stadt verlängerte. Der Altar ist heute nach einem Wunder an Restauration in einem Glashaus am Ufer des Tiber dicht beim Augustus-Mausoleum wieder aufgestellt. Er wurde 13 v. Chr. geweiht.
Professor Jocelyn Toynbee (der das folgende Zitat großzügigerweise erlaubt hat) beschreibt den Altar so: „Die Ara Pacis verrät einen genauen Geschichtssinn, eine tiefe Hingabe an Tatsachen und Aktualität, indem sie zeitgenössische, lebende Menschen darstellt, einige davon Individuen, die wir mit Sicherheit oder mit einem hohen Grad an Wahrscheinlichkeit bestimmen können, so wie sie in einem bestimmten Augenblick, dem 4. Juli 13 v. Chr., waren. Die Südseite wird vom Kaiser selbst mit seinem unmittelbaren Gefolge von Beamten, Priestern und Verwandten eingenommen, die Nordseite von Mitgliedern römischer religiöser Bruderschaften, von Magistraten, Senatoren und andern Personen mit ihren Familien, die hinter ihnen schreiten. An der Ostseite, gegenüber der großen Straße, befinden sich zwei Gruppen von Personifikationen, die allen Vorübergehenden die weitreichenden und dauernden Wirkungen der *Pax Romana* symbolisieren, die durch die Rückkehr des Augustus (von einer ausgedehnten Reise durch die westlichen Provinzen; vgl. Horaz, *Oden* IV, 2) feierlich gegründet war: die Kriegsgöttin Roma, friedlich sitzend, und Tellus oder noch wahrscheinlicher das Vaterland Italien, reich an Kindern und an allen andern Gaben, die der Frieden schenkt. Auf der Westseite finden sich zwei legendäre Szenen: Äneas, Prototyp des Augustus, opfert der Juno die berühmte weiße Sau für die Weissagung der Gründung Laviniums und als ein Dankopfer für seine Heimkehr in das versprochene Land Italien (Vergil, Äneis VIII, 80f.); und daneben die Szene aus den Lupercalien (dem ältesten römischen Fest, das am 15. Februar begangen wurde), wo die Wölfin in Gegenwart des Mars und des Faustulus Romulus und seinen Bruder säugt ... Das große Akanthusblatt im unteren Feld, das mit Wein und Efeu durchwoben ist und ein lebendiges Völkchen von winzigen Vögeln, Insekten, Schlangen, Fröschen und Eidechsen beherbergt, stellt möglicherweise das marmorne Abbild eines Festteppichs dar, der außerhalb der vorübergehenden Einfriedung ausgelegt wurde und über den die Prozession hinwegschritt ...
Die Ara Pacis hat eine bemerkenswerte Eigenschaft ... Sie spricht uns an durch ihre heitere Ruhe, ihre schlichte Würde, ihre freundliche Intimität, ihre anmutige Ungezwungenheit, ihre Freude an der Natur, ihre zielbewußte Einheit und nicht zum wenigsten durch ihre bescheidenen Ausmaße. Sie verkörpert das Beste, das Rom Italien gegeben hat, und stellt ein vollkommenes Gleichgewicht her zwischen Land und Stadt, auf dem Augustus sein Reich aufzubauen beanspruchte."

Augustus hat denen, die nach ihm kommen sollten, ein herrliches Erbe hinterlassen. Ein englischer Dichter hat davon eine glänzende Schilderung gegeben. John Milton war 1638 und noch einmal 1639 im 31. Lebensjahr in Rom. 1671 veröffentlichte er, alt und blind, *Das Wiedergewonnene Paradies.* Zu Beginn des vierten Buchs verlegt er die Versuchung Jesu nach Rom, das Satan im majestätischsten Panorama römischer Herrlichkeit, das je gemalt wurde, beschreibt:

„Die Stadt vor uns, welch andre kann es sein
Als Rom, der Erde mächt'ge Königin,
Bereichert mit der Beute von Nationen,
Die weitberühmte? Vom Tarpejischen Fels
Erhebt sein stattlich Haupt das Kapitol,
Der Stadt uneinnehmbare Zitadelle;
Dort auf dem Hügel Palatinus steht
Die Kaiserburg, ein ungeheurer Bau,
Ein Werk der größten Meister, das im Glanz
Der goldnen Zinnen, Spitzen und Terrassen
Aus weiter Ferne schimmernd sichtbar ist;
Viel andre herrliche Gebäude noch,
Mehr Gotteshäusern gleich an Pracht, kannst du
Dank meinem luftigen Vergrößerungsglas,
Von außen schaun und innen: Säulen, Firste,
Gebildet von berühmter Künstler Hand
In Zedern, Marmor, Gold und Elfenbein.
Nun wende deinen Blick den Toren zu;
Sieh, welche Menge drängt sich ein und aus:
Prätoren, Prokonsuln in Staatsgewändern,
Nach den Provinzen eilend und zurück,
Liktoren mit den Zeichen ihres Amts,
Kohorten, Legionen, Reitertrupps.
Gesandtschaften aus weit entfernten Zonen,
In mannigfachstem Aufzug, ziehn die Straße,
Die Appische wie die Ämilische;
Sie kommen von Syene, von Mero,

Links: Die Göttin Isis, deren Kult aus Ägypten stammte, fesselte die religiösen Vorstellungen der Römer und ließ sie zu einer Lieblingsgottheit Roms werden. Die abgebildete Statue stammt aus dem Alexandria der Römerzeit und zeigt deshalb wenig von ihrem wahren ägyptischen Charakter. Typisch ist jedoch der Gewandknoten auf der Brust und das Zeichen auf dem Kopf.

Rechts: Ebenfalls aus Ägypten stammt die Gestalt des Gottes Sarapis, dessen Büste aus dem Kapitolinischen Museum unser Bild zeigt. Sarapis ist eine Mischgottheit, die vielleicht aus dem Osten stammt und Züge des Zeus, des Osiris und des Dionysos in sich vereinigt. Er wurde von Ptolemäus Soter zum Staatsgott erklärt, weil dem König diese Gottheit für seine hellenistischen wie für seine ägyptischen Untertanen besonders zu passen schien. Sarapis, der als Krone ein Fruchtbarkeitssymbol trägt, war aber auch bei den Römern sehr beliebt.

Dem Nileiland, wo zwiefach Schatten fällt,
Von Bocchus' Reiche Mauretanien,
Von Asiens Herrschern, Parthiens Königen,
Von Indien und dem Goldnen Chersones,
Vom fernen Inselstrand Taprobanes,
Mit weißem Turban um das dunkle Haupt;
Aus Gallien, Gades und Britannien auch,
Und von Germanen, Skythen und Sarmaten
Längs des Danubius bis zum Taur'schen Sumpf.
Gehorsam zollen alle Völker jetzt
Roms mächt'gem Kaiser, dessen weiter Herrschaft
Du wohl, was Umfang, Reichtum, was Kultur,
Bewährten Kriegsruhm, Macht und Kunst betrifft,
Vor Parthien den Vorzug geben magst.
Die andern außer diesen beiden sind
Barbarenreiche, kaum des Sehens wert,
An viele kleine Könige verteilt."

Der vorstehende kurze Überblick über Rom und seine Künste wird, so hoffen wir, gezeigt haben, was für eine Stadt es war, in die Paulus kam, und warum es für ihn so wesentlich war, dort zu sein. Wenn Paulus, wie er glaubte, der Bote einer neuen Ordnung der Welt war, dann konnte er seine Mission nur erfüllen, wenn er in diesem Weltmittelpunkt und von ihm aus wirkte.

Dieser Glaube wurde natürlich von Lukas geteilt. Als er die Apostelgeschichte schrieb, verfolgte er einen doppelten Zweck. Zuerst wollte er zeigen, daß der „Neue Weg" keine Bedrohung der römischen Herrschaft war und daß sein großer Apostel tatsächlich immer mit den römischen Vertretern auf bestem Fuß gestanden hatte; zweitens wollte er Theophilus zeigen, wie er, Lukas, Christ geworden war. Der plötzliche Schluß der Apostelgeschichte hat vielen Rätsel aufgegeben; aber es ist, als ob Lukas seinem Freund sagen wollte: „Schau, hier ist Paulus am Ende seiner Reise; den Rest kennst du."
Bevor wir diese Erzählung abschließen, wollen wir nicht nur aufzeigen, wie richtig der Entschluß des Apostels gewesen ist, sondern auch, wie bemerkenswert rechtzeitig seine Ankunft war. Daß die Römer nicht ganz unempfänglich für das Immaterielle waren, zeigt ihre Wertschätzung der Kunst und der Natur. Aber auf dem Gebiet des Geistes waren sie bei weitem nicht so glücklich. Die alte Staatsreligion, wie sie auf der Ara Pacis dargestellt ist, mit ihren Opfern, ihren Formeln und ihren Tabus, hatte schon lange aufgehört, der römischen Seele Befriedigung zu geben. Sie war eine Sammlung trockenster Verbote und Vorschriften, völlig ohne Leben. Tatsächlich konnte sie kaum noch Religion genannt werden. In Wirklichkeit war sie nichts als ein Netz von Aberglauben. Der gewöhnliche Römer war ständig von einer Wolke von Furcht eingehüllt, Furcht vor der Natur, vor unsichtbaren Mächten, vor bösen und rachsüchtigen Geistern. Und seine schattenhaften Ahnengötter taten nichts, um ihn aus dieser Unterwelt des Schreckens zu erlösen; allzuoft vergrößerten sie noch seine Angst. Deshalb finden wir im Rom der Tage des Paulus eine Sehnsucht nach *salus,* das heißt Gesundheit oder Heil. Die Suche danach hatte schon lange vorher begonnen. Sie war aus zwei Quellen befriedigt worden. Die erste haben wir schon erwähnt: die Philosophie.
Es gibt keinen Zweifel, daß die Philosophie manchen edlen Seelen Befriedigung gab. Das gilt vor allem für den Stoizismus. Aber wie schon gesagt, war dessen Begründer Semit. Der Stoizismus schien dem Judentum so nahe, daß Josephus, der hauptsächlich für Heiden schrieb, sagen konnte, die Pharisäer seien die Stoiker des Judentums. Es ist richtig, daß vieles von der Anschauung der Stoiker Eingang ins Christentum gefunden hat, besonders in seine puritanischen Äußerungen. Aber die Philosophie konnte die geistlichen Bedürfnisse der gewöhnlichen Männer und Frauen nicht befriedigen. Was sie befriedigte, waren die Mysterienreligionen des Orients. Sie vor allem beherrschten die geistliche Landschaft zur Zeit des Paulus.
Die erste östliche Gottheit, die Rom während des

zweiten Punischen Kriegs erreichte, war Kybele, die Große Mutter. Als im Jahr 205 v. Chr. die Sibyllinischen Bücher, die amtliche Enzyklopädie der Magie, befragt wurden, gaben sie die erstaunliche Antwort, daß Hannibal Italien verlassen würde, wenn man die Große Mutter nach Rom brächte. Im folgenden April kam sie in Form eines schwarzen Meteorsteins, den Attalus I. von Pergamon besorgt hatte. Das Orakel von Delphi hatte die Idee befürwortet und ebenso der große Scipio. Kybele erhielt einen schmeichelhaften amtlichen Empfang, bei dem die patrizischen Matronen Roms eine führende Rolle spielten, und tatsächlich verließ Hannibal noch im nächsten Jahr Italien, um nie zurückzukehren.

Der Kybele wurde bald ihr Gatte Attis zugesellt. Er stammte ursprünglich aus Thrakien. Zu seiner Verehrung gehörten häufig orgiastische Schaustellungen, die ekstatische „Besessenheit" herbeiführten und in Selbstentmannung endeten. Solche Kulte wie dieser hatten, weil sie so unrömisch waren und den Anhängern – anders als die Riten römischer Priesterschaft – den Zugang gestatteten, eine große Anziehungskraft für Seelen, die neue und mächtige Anreize brauchten. Auf sie wurde zuerst das Wort „fanatisch" angewandt. Sie sprachen mehr die Gefühle als den Verstand an. Der Tod und die Auferstehung des Attis wurden durch einen geschmückten Baum dargestellt, ähnlich unserm Weihnachtsbaum. Die Figur der Kybele wurde auf einem Karren gefahren, und ihre Verehrung wirkt wie eine Vorstufe jener Verehrung, die man den Statuen Unsrer Lieben Frau noch heute während der Karwoche in den Straßen von Sevilla erweist.

Aus Ägypten kamen Isis und Sarapis. Isis genoß reichsweite Verehrung, und Sarapis wurde weithin volkstümlich. Der beste erhaltene Kopf dieses Fruchtbarkeitsgottes kam in London ans Licht. Das Sarapeum in Hadrians Villa bei Tibur ist eine seiner eindrucksvollsten Stätten. Daneben gewannen syrische Gottheiten allmählich die Oberhand, darunter Astarte und Atargatis. Mithras, der persische Sonnengott, hatte Tausende von Anhängern. Bei den Soldaten beliebt war Jupiter Dolichenus, der vom oberen Euphrat kam. Er wird in keiner literarischen Quelle erwähnt, und doch gibt es mehr als hundert Inschriften über ihn aus so weit entfernten Gebieten wie Afrika und Britannien. Die syrischen Gottheiten waren meist mit der Sonne verbunden. Es gibt nur eine Sonne, und so waren diese Kulte wie der Glaube der Stoiker auf dem Weg zum Monotheismus.

Die Monotheisten schlechthin waren jahrhundertelang die Juden gewesen. Während ihrer Gefangenschaft im 6. Jahrhundert v. Chr. „jenseits des Flusses" hatten sie viel babylonisches Wissen aufgesogen, ebenso die Syrer. Mit den Worten Cumonts: „Chaldäische Astrologie, deren überzeugte Anhänger die syrischen Priester waren, hatte sie mit den Elementen einer wissenschaftlichen Theologie ausgestattet. Sie hatte sie zur Vorstellung eines Gottes geführt, der weit entfernt von der Erde über den Sternen allmächtig, universal und unsterblich thronte, während hier unten alles durch den Kreislauf der Himmel über unendliche Jahreszyklen hinweg gesteuert wurde. Sie hatte sie gleichzeitig gelehrt, die Sonne zu verehren, die strahlende Quelle irdischen Lebens und menschlicher Vernunft."

Vorige Seite: Der Apostel Paulus wurde der Tradition entsprechend als römischer Bürger enthauptet. Allerdings gibt es keine genaueren Angaben, wann und wie er starb. Doch dürfte die Vermutung stimmen, daß sein Tod während der Verfolgungen unter Nero war. Unser Bild zeigt eine Enthauptung auf einem römischen Relief.

Links: Die Kirche „St. Paul vor den Mauern" liegt eine Viertelstunde von der Porta San Paolo entfernt. Die Stelle gilt als der Platz, an dem Paulus bestattet wurde. Die Fassade der Kirche läßt nur wenig von dem großartigen Innenraum dieser nach Art einer frühchristlichen Basilika errichteten Kirche erkennen. Die erste Kirche wurde hier unter Valentinian II. im Jahre 388 n. Chr. geweiht. Die heutige Kirche wurde nach einer Brandkatastrophe auf den Ruinen der alten Basilika 1854 errichtet.

So flossen zwei Ströme des Monotheismus gleichzeitig aus dem Osten: die jüdische Form, die auf den einzigartigen sittlichen Vorschriften des Gesetzes und den erhabenen Mahnungen der Propheten beruhte, und die Sonnenkulte.
Was das Judentum von all den andern Kulten unterschied, waren seine nachdrückliche Forderung moralischer Verpflichtung und der unbedingte Gehorsam, den es verlangte. Alle andern Religionen waren wahlfrei, man wählte einfach die, von der man sich am meisten *salus* versprach. Die Moral war zweitrangig, ja bei einigen trat sie überhaupt nicht in Erscheinung.
Das Christentum erbte die jüdische Ethik. Von allen Religionen, die zur Zeit des Paulus blühten, gibt es heute nur noch das Judentum und das Christentum. Die höchste und einzigartige Leistung des Paulus ist, daß er, indem er Rom zu seinem Zentrum machte, der römischen Welt die jüdisch-christliche Ethik gab. So stellte er sicher, als das Rom der Cäsaren sich auflöste, daß Christus und seine Heiligen die Nachfolge antraten.

Künder im Osten wie im Westen

Von den letzten Tagen des Paulus wissen wir nicht mehr als von seinen ersten. Nach Ankunft in der Stadt erlaubte man ihm, mit den ihn bewachenden Soldaten für sich allein zu wohnen (Apg 28,16). Nach drei Tagen ließ er die führenden Juden zu sich bitten. Er erklärte ihnen sofort, daß er, trotz allem, was sie über ihn gehört hatten, nichts den Juden oder ihren Traditionen und Lehren Feindliches getan habe. Aber hier war er nun, ein Gefangener der Römer. Sie hatten ihn freilassen wollen, aber wegen der jüdischen Anschuldigungen „sah ich mich gezwungen, den Kaiser anzurufen". Nicht, daß er sein Volk anklagen wollte. Deshalb hatte er sie gebeten, ihn aufzusuchen. „Denn um der Hoffnung Israels willen trage ich diese Fesseln."

Die jüdischen Ältesten waren taktvoll. Um jeden Preis mußten sie Streit vermeiden, schließlich war es erst elf Jahre her, seit Claudius die ganze Gemeinde wegen ihrer aufrührerischen Spaltung verbannt hatte, und sie wollten das unter keinen Umständen noch einmal wagen. Sie versicherten ihm, daß sie keinen gegenteiligen Bericht über ihn aus Judäa erhalten hatten, weder schriftlich noch mündlich. Sie würden gern wissen, was Paulus denke, weil man, wie sie zugeben mußten, überall gegen die Christen sprach. Paulus willigte ein, seinen Glauben vor ihnen auszubreiten, und ein Datum für die Anhörung wurde festgesetzt. Viele aus der jüdischen Gemeinde kamen zur Wohnung des Paulus, und er trug ihnen seine Anschauung über das Heil durch Jesus und über das Reich Gottes vor und begründete sie mit dem mosaischen Gesetz und mit den Propheten. Einige seiner Zuhörer nahmen sie an, andre nicht, sie konnten nicht zustimmen. Paulus warnte sie vor den Folgen, wenn sie seiner Lehre gegenüber taub blieben, und führte den Tadel Jesajas an (6,9) für die, die hörten, aber nicht verstanden, und sahen, aber nicht einsahen. Das Heil Gottes, fügte er hinzu, wird nun den Heiden gebracht, und sie werden ihm Gehör schenken. Die Juden gingen weg und besprachen wahrscheinlich die ganze Frage unter sich.

„Er blieb zwei volle Jahre in seiner Mietwohnung und nahm alle auf, die zu ihm kamen. Er verkündigte das Reich Gottes und die Lehre über den Herrn Jesus Christus mit allem Freimut ungehindert" (Apg 28,30–31).

So endet die Apostelgeschichte; denn, wie bereits gesagt, war Lukas' Zweck bei der Abfassung nun erreicht.

Von der weiteren Geschichte des Apostels und von seinem Ende wissen wir fast nichts. Daß er Spanien besuchen wollte, wissen wir, aber nicht, ob er jemals dort war. Die Annahme, daß er entlassen wurde und eine Reise unternahm, die ihn nach Spanien, nach Griechenland und Kreta brachte, daß er dann erneut verhaftet wurde, einen zweiten Prozeß durchmachte und während der Verfolgung Neros im Jahr 64 umkam, beruht nicht auf glaubwürdigen Zeugnissen.

Läßt man spätere, legendäre Beschreibungen seines Tods in den sogenannten *Akten des Paulus,* die am Ende des 2. Jahrhunderts verfaßt worden sind, beiseite, so stammt das früheste Zeugnis seines Martyriums, und ein verläßliches, aus dem Brief des bereits erwähnten Bischofs Klemens von Rom an die Korinther:

„Halten wir uns die guten Apostel vor Augen. Petrus, der wegen ungerechter Eifersucht nicht eine, sondern viele Prüfungen erleiden mußte und, nachdem er Zeugnis gegeben hatte, zu dem Ort der Herrlichkeit ging, der ihm zukam. Wegen Eifersucht und Hader zeigte Paulus den Weg, den Preis der Standhaftigkeit zu gewinnen. Siebenmal war er in Ketten, er wurde als Verbannter vertrieben, er war Künder im Osten wie im Westen, er gewann den edlen Ruhm seines Glaubens. Er lehrte alle Welt Rechtschaffenheit, und als er die Grenze des Westens erreicht hatte, gab er Zeugnis vor Herrschern und schied so aus der Welt und wurde an den heiligen Ort aufgenommen, das größte Beispiel der Standhaftigkeit."

Die Worte „Grenze des Westens" haben viel Streit verursacht. In der üblichen Ausdrucksweise könnte es leicht Spanien bedeuten. Aber das muß nicht sein; vom Standpunkt der Korinther aus, an die Klemens schreibt, war für Paulus die Grenze des Westens Rom selbst, das heißt der westlichste Punkt, den er je erreichte. Die Theorie, daß Klemens lediglich Röm 15,24 wiedergab, in dem Paulus von seinen Hoffnungen, Spanien zu besuchen, spricht, scheint unnötig und nicht überzeugend.

Wir kennen nicht einmal das Todesjahr des Apostels. Einige verlegen es in das Jahr 60, andere vermuten 64, wieder andre erst 67 oder gar 68. Anderseits ist der Ort seiner Hinrichtung durch frühe und beständige Überlieferung bezeugt. Er wurde durch die Porta Trigemina aus der Stadt geführt, vorbei an der Pyramide des Cestius. Der Zug nahm den Weg nach Ostia. Wo heute die Basilika „St. Paul vor den Mauern" liegt, wandte sich der Hinrichtungszug nach links in die Laurentische Straße. Am dritten Meilenstein erreichten sie *Aquae Salviae*, den Salvischen Sumpf, wo heute das Trappistenkloster Tre Fontane, Drei Quellen, liegt. Das Kloster ist das älteste in Rom, seine ursprüngliche Kirche wurde von Papst Honorius I. (625–640) gegründet. Es liegt in einer kleinen Mulde, geschmückt mit Bäumen und Blumen, eine Oase der Stille mitten im Lärm und Getriebe außerhalb. Drei heilige Stätten gibt es auf dem Gelände, eine davon (1599 gebaut) beherbergt die drei Quellen. Das Kloster war eine Zeitlang fast verlassen, aber 1868 wurde es den französischen Trappisten übergeben, die durch Anpflanzen von Eukalyptusbäumen den Sumpfboden trockenlegten.

Wenn die Überlieferung es nicht stützte, würde niemand vermuten, daß dieser abgelegene Ort die Hinrichtungsstätte des Paulus war. Aber wie wir von Tacitus wissen (Hist. IV,11), waren Hinrichtungen außerhalb der Mauern Roms üblich. Sein Grab selbst lag näher an Rom, dort, wo die große Basilika entstehen sollte.

Im 3. Jahrhundert scheint sein Leichnam wie der des Petrus aus dem Vatikan aus Gründen der Sicherheit in die Katakomben des heiligen Sebastian an der Via Appia verbracht worden zu sein. Diese doppelte Rettung wird am Fest Peter und Paul am 29. Juni gefeiert. Die Überreste wurden später wieder in ihre ursprünglichen Grabstätten in den von Konstantin gebauten Kirchen gelegt.

Die Basilika des heiligen Paulus vor den Mauern ist heute von den immer wachsenden Vorstädten Roms fast eingeschlossen. Dicht vorbei führen unbekümmert die Autoschlangen zum Flughafen und zum Strand; aber die Kirche selbst liegt in einem kleinen Park unter einem bewaldeten Hügel, und im Frühling bietet sie einen fast freundlichen Anblick.

Der Bau wurde vom Kaiser Valentinian II. 388 auf dem Gelände einer kleinen Kirche Konstantins gegründet. Es war eine fünfschiffige Basilika mit Apsis. Das Hauptschiff blieb anfangs ohne Dach und wiederholte also im Stil und in den Ausmaßen genau die große Basilika auf dem Forum des Trajan, das bis zum Ende des heidnischen Roms zu den majestätischsten Schöpfungen der Stadt gezählt wurde. Der Architrav wurde von 80 Säulen aus Pavanazzetto und parischem Marmor getragen. Heute ist das Mittelschiff mit einer Kassettendecke überdacht. Die Basilika ist fast 120 Meter lang, 20 Meter breit und 23 Meter hoch. Im Lauf der Jahrhunderte wurde die Kirche mit Fresken und Mosaiken geschmückt, und im 13. Jahrhundert wurden prächtige Kreuzgänge angefügt. Diese stehen noch, aber das Gebäude selbst wurde in der Nacht vom 15. zum 16. Juli 1823 durch Feuer zerstört. Nur die Säulen und Außenmauern blieben von dem Bau, an dem 14 Jahrhunderte geschaffen hatten, übrig. Sie war bis zu dieser Katastrophe die am wenigsten veränderte und am wenigsten restaurierte Basilika Roms.

Die Kirche wurde wieder aufgebaut, aber erst nach Zerstörung von vielem, was hätte gerettet werden können. Die neue Basilika wurde 1854 eingeweiht. Mehmet Ali von Ägypten stiftete Alabasterpfeiler, Zar Nikolaus von Rußland Malachitsäulen. Da die Basilika ursprünglich unter dem Schutz der Könige von England stand, kann man das Wappen des Hosenbandordens noch in der üppigen Dekoration entdecken. Das Dach wird heute von 80 Säulen aus Granit vom Simplon gestützt.

Wenn man diesen Säulenwald betritt, der vom gedämpften Licht der undurchsichtigen Alabasterfenster in den Seitenwänden und im Fenstergeschoß des Hauptschiffs düster glüht, dann erlebt man eine Art Teilhabe an der Persönlichkeit des Apostels selbst, an ihren Tiefen, ihren Dunkelheiten, ihren Heimsuchungen und ihrer überwältigenden Stärke und ihrem Triumph.

In diesem Heiligtum endeten die irdischen Reisen des heiligen Paulus. Seine geistlichen Reisen kennen kein Ende.

Nachwort des Verfassers

Unser Wissen über den Apostel Paulus beruht in erster Linie auf der Apostelgeschichte und den Paulusbriefen. Ich bin dabei in der Frage, welche Briefe Paulus selbst geschrieben hat, den Untersuchungen von G. Bornkamm gefolgt. Danach dürfen wir als echt ansehen die Briefe an die Thessalonicher (1 Thess) und Galater (Gal) sowie den größten Teil des Briefwechsels mit den Korinthern (Kor), Philippern (Phil), Römern (Röm) und mit Philemon. Die weiteren Briefe an Titus, Timotheus, die Epheser, Kolosser und den 2. Thessalonicherbrief bezeichnet Bornkamm als nachpaulinisch, das heißt, diese Briefe geben zwar Ideen und Gedanken des Paulus wieder, entstammen aber einem späteren Zeitpunkt der christlichen Entwicklung.
Für den Hintergrund der Predigten des Apostels Paulus sind andere antike Schriftsteller von Bedeutung: Tacitus, Sueton, Cassius Dio, Flavius Josephus, Plinius, Klemens, Tertullian, die alle stellenweise zitiert wurden.
Die Zahl der modernen Schriftsteller über Paulus ist sehr groß. Für das Studium seiner Reisen, mit denen vor allem sich dieses Buch befaßt, stützen sich meine Untersuchungen vor allem auf die Werke von Sir William Ramsay (Pauline Studies, The Cities of St. Paul, Luke the Physician, St. Paul the Traveller and the Roman Citizen). Auch nach einem Abstand von mehr als einem halben Jahrhundert ist Ramsays Werk immer noch ein Leitstern.
T. R. Glovers Buch „Paul of Tarsus" (1925) ist, vor allem für englische Leser, eine ausgezeichnete Darstellung von Paulus' gesamter Persönlichkeit und Sendung. Joseph Holzners „Paulus" (1944) gibt besonders klar den jüdischen Hintergrund wieder. Alle Geschehnisse, die mit Palästina und Jerusalem zusammenhängen, sind überzeugend und genau dargestellt in Abels „Histoire de la Palestine depuis la conquête d'Alexandre jusqu'à l'Invasion Arabe" (Bd. 1, 1952). Für die Kirchengeschichte im allgemeinen gibt es keine bessere Autorität als das monumentale Werk „Histoire de l'Église" von Lebreton und Zeiller.
Moderne Untersuchungen über Paulus und sein Werk, die mir hilfreich waren, sind „Paolo Apostolo" von Giuseppe Riciotti ([4]1951), ein großartig detailliertes Nachschlagewerk mit Illustrationen, und das Buch „Paulus" von Günther Bornkamm (1969).
Wie schon oft habe ich freigebige Hilfe erhalten von meinem Freund in London, Reverend Joseph Crehan SJ. In Malta wurde meine Arbeit großzügig unterstützt von Monsignore H. L. Gerards, Weihbischof von Malta, Reverend Vito Borgia von der Kirche „Our Lady of Damaskus" und Dr. Hugh Schonfield. Ich danke ihnen allen.
Professor Lloyd hat mir freundlicherweise erlaubt, aus seinem Vortrag über „Early Travellers in Asia Minor" zu zitieren, den er 1971 vor der Royal Central Asian Society hielt bei Verleihung ihrer Goldmedaille.
Ich habe in meinem Buch keinen Versuch einer endgültigen chronologischen Ordnung der Lebensdaten des Apostels Paulus unternommen. Doch ist jedes wichtige Datum ausführlich besprochen. Ich habe vielmehr versucht, jedes Ereignis in der von den Quellen berichteten Reihenfolge zu belassen und dazu die verschiedenen Daten anzugeben, die dafür in der Literatur vorgeschlagen werden.
Teile dieses Buches sind bereits in anderer Form erschienen bei den Verlagen Hamlyn, Hodder & Stougton und in der „Nursing Mirror and Midwives Gazette". Ihnen allen bin ich dankbar dafür, daß ich dieses Material hier verwenden konnte.

S. P.

Herkunft der Abbildungen

Schwarzweißfotos
Alinari, Florenz 17, 47, 96, 104–105, 126–127; Alinari-Giraudon 74 links; Barnaby's Picture Library, London 74 rechts; Barnaby's S. B. Davie 86–87; Barnaby's Peter Larsen 37 unten; Barnaby's Josip Ciganovic Omcikus 129; Bayerische Staatsgemäldesammlungen, München 75; British Museum 40 unten; J. Allan Cash Ltd., London 73, 95, 119, 125, 139; Daily Telegraph Colour Library, London 76; Paul Demajo 120; Arpad Elfer, London 70–71; Werner Forman 91 links, 91 rechts; Hachette, Paris 83; Sonia Halliday 32 links; Hamlyn Group Picture Library 49 links; Israel Department of Antiquities and Museums 13; A. F. Kersting, London 16 links, 16 rechts, 44–45 oben, 44–45 unten, 73 oben, 94; Lauros-Giraudon 68–69; Mansell Collection, London 11, 20 links, 42–43, 71; Mansell-Alinari 11, 14–15, 34, 38 oben rechts, 38 unten, 78, 86, 132–133, 138; Mansell-Anderson 33, 38 oben links, 39, 61, 64, 109, 116, 134 oben, 137 links; Middle East Archive 9, 24–25, 28–29, 32 rechts, 35, 45 unten; Antonello Perissinotto, Padua 112, 134 unten, 137 rechts; Picturepoint Ltd., London 50, 52, 65, 70 unten, 88–89 unten, 93, 116 rechts; Popperfoto, London 20 rechts, 51, 66, 97, 114–115, 130; Popperfoto Donald McLeish Collection 90; Radio Times Hulton Picture Library 40 oben, 48, 58–59, 121, 131; George Rodger-Magnum 10–11; Scala, Florenz 49 rechts; Spectrum Colour Library, London 37 oben, 53; Edwin Smith 81, 127, 128; Turkish Tourist Office, London 85 oben; Roger-Viollet, Paris 56–57, 63, 117, 123; Z. E. F. A., Düsseldorf 55, 82, 84, 85 unten, 88–89 oben, 122.

Farbfotos
J. Allan Cash Ltd., 102–103, 102 unten; A. F. Kersting, London 30 unten, 98 unten; Magnum 22 unten, 26 unten; Middle East Archive 26–27, 27 unten, 30 oben, 103 unten; Picturepoint Ltd. 23, 98 oben, 111 oben; Scala, Florenz 19; Spectrum Colour Library 27 oben, 110 unten; University Library, Cambridge 98 oben; Roger Wood, London 99, 106 unten; Z. E. F. A., Düsseldorf 22 oben, 106 oben, 107, 110 oben, 111 unten.

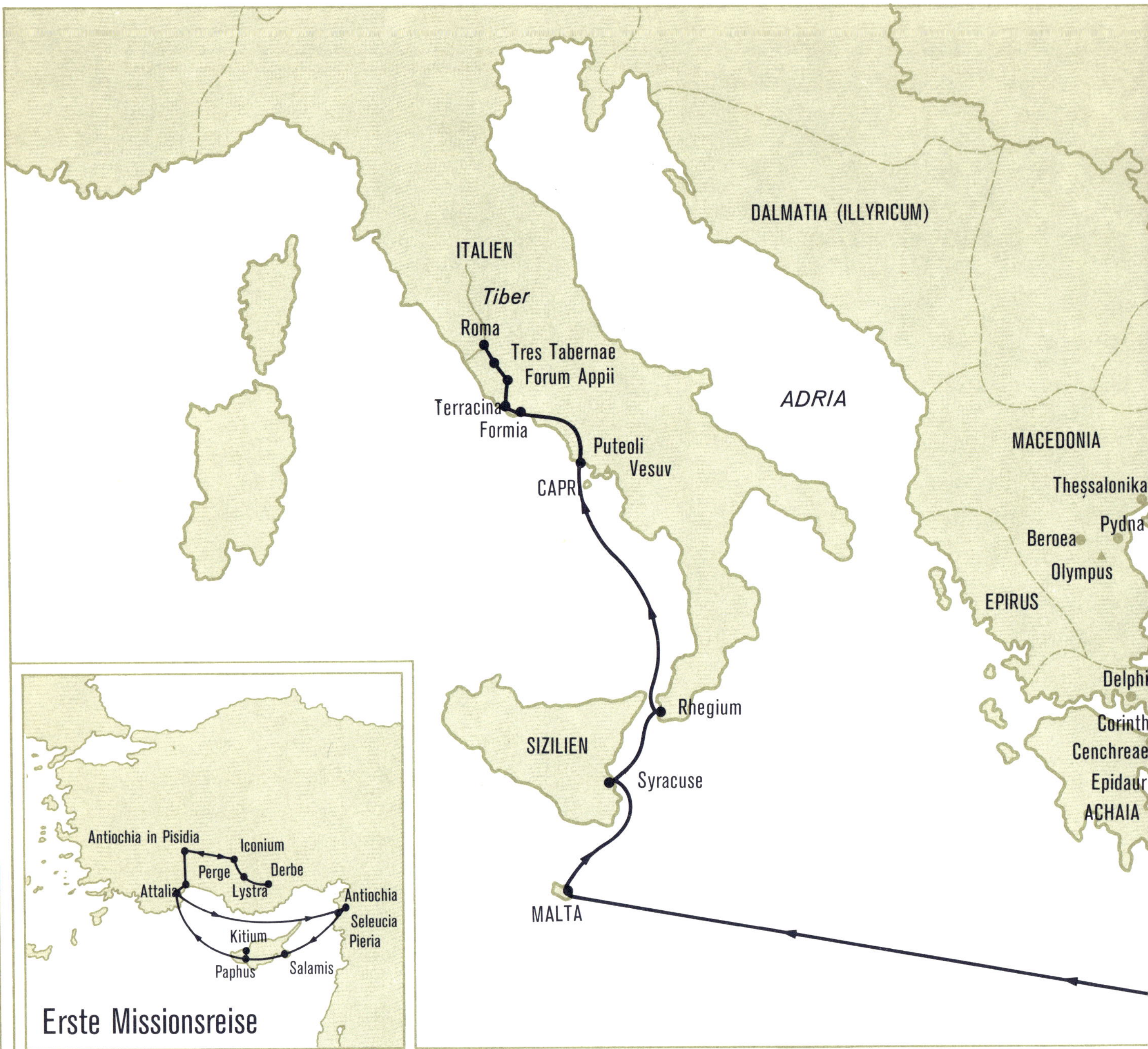
DALMATIA (ILLYRICUM)
ITALIEN
Tiber
Roma
Tres Tabernae
Forum Appii
Terracina
Formia
ADRIA
Puteoli
Vesuv
CAPRI
MACEDONIA
Thessalonika
Pydna
Beroea
Olympus
EPIRUS
Delphi
Corinth
Cenchreae
Epidaur
ACHAIA
Rhegium
SIZILIEN
Syracuse
MALTA
Antiochia in Pisidia
Iconium
Perge
Derbe
Attalia
Lystra
Antiochia
Seleucia
Pieria
Kitium
Paphus
Salamis
Erste Missionsreise

Amphipolis
Philippi
Neapolis
Thessalonika
Apollonia
SAMOTHRACE
Berea
Dorylaeum
Troas
Athen
Corinth
Piraeus
Ephesus
Cenchrea
Iconium
Cilicische Pforte
Lystra
Tarsus
Derbe
Antiochia
Caesarea
Jerusalem
Zweite Missionsreise

Philippi
Troas
Assos
Mytilene
Antiochia
in Pisidia
Iconium
CHIOS
Ephesus
SAMOS
Corinth
Miletus
Lystra
Derbe
KOS
Patara
Rhodos
Tyre
Ptolemais
Jerusalem
Dritte Missionsreise